KAKTEEN

Das neue kompakte Bestimmungsbuch

KAKTEEN

Das neue kompakte Bestimmungsbuch

Charles Glass, Clive Innes und Marcus Schneck

KÖNEMANN

This book was designed and produced by
Quintet Publishing Limited
6 Blundell Street
London N7 9BH

Creative Director: Richard Dewing
Designer: James Lawrence
Project Editors: Diana Steedman, Alison Bravington
Editor: Maggie O'Hanlon
Illustrator: Danny McBride

Original title: Identifying Cacti

© 1997 für die deutsche Ausgabe
Könemann Verlagsgesellschaft mbH,
Bonner Str. 126, D-50968 Köln
Übersetzung aus dem Englischen:
Ulrike Bischoff, Schwalmtal
Redaktion & Satz der deutschen Ausgabe:
Thomas Heider, Bergisch Gladbach
Druck und Bindung: Sing Cheong Printing Co., Ltd.
Printed in Hong Kong

ISBN 3-89508-513-8

10 9 8 7 6 5 4 3 2

INHALT

ZUR BENUTZUNG DIESES BUCHES

Die Einleitung beschreibt die Hauptmerkmale der Kakteenfamilie und gibt allgemeine Hinweise zu Zucht und Pflege. Der Bestimmungsteil enthält in alphabetischer Reihenfolge Angaben zu einem breiten Querschnitt einzelner Kakteenarten. Zu jeder aufgeführten Art gibt es eine Illustration und knappe Hinweise zu Hauptmerkmalen, Herkunft und Pflege. Die folgenden Symbole vermitteln die wichtigsten Informationen auf einen Blick.

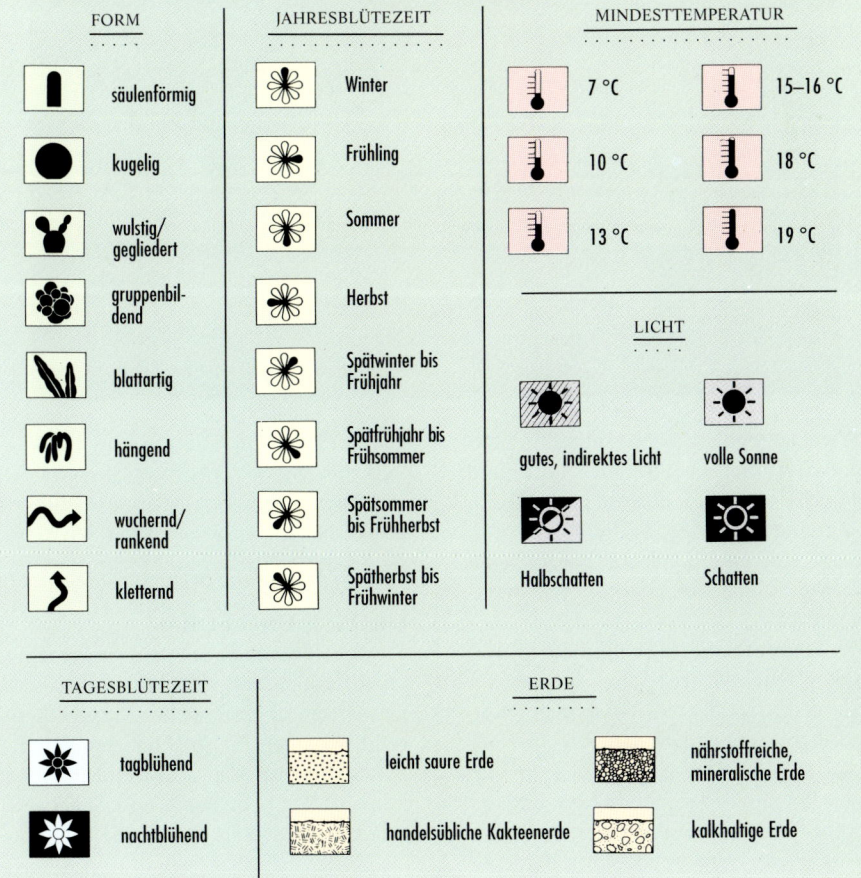

FORM

säulenförmig

kugelig

wulstig/gegliedert

gruppenbildend

blattartig

hängend

wuchernd/rankend

kletternd

JAHRESBLÜTEZEIT

Winter

Frühling

Sommer

Herbst

Spätwinter bis Frühjahr

Spätfrühjahr bis Frühsommer

Spätsommer bis Frühherbst

Spätherbst bis Frühwinter

MINDESTTEMPERATUR

7 °C

10 °C

13 °C

15–16 °C

18 °C

19 °C

LICHT

gutes, indirektes Licht

volle Sonne

Halbschatten

Schatten

TAGESBLÜTEZEIT

tagblühend

nachtblühend

ERDE

leicht saure Erde

handelsübliche Kakteenerde

nährstoffreiche, mineralische Erde

kalkhaltige Erde

EINFÜHRUNG

Die Pflanzenfamilie Cactaceae umfaßt über 2000 Arten, die fast alle aus Nord- und Südamerika stammen, obwohl einige Rhipsalis-Arten auch in Afrika heimisch sind. Doch manche amerikanische Spezies sind mittlerweile auch auf anderen Kontinenten heimisch.

Die Habitate dieser Sukkulenten reichen vom feuchten tropischen Regenwald bis zu den trockensten Wüstengebieten, von Höhen knapp über dem Meeresspiegel, wo sich salziger Sprühnebel an den Dornen sammelt, Tropfen bildet und zu Boden fällt, bis zu den höchsten Bergregionen, wo sie manchmal schneebedeckt sind. Nur relativ wenige Arten wachsen in echten Trockenwüsten, wo es weniger als 240 mm Niederschlag im Jahr gibt, während sich eine überraschende Artenvielfalt an Felshängen angesiedelt hat, wo die Kakteen winzige Ritzen und Spalten nutzen.

GRÖSSE UND FORM

Kakteen kommen in sehr unterschiedlichen Größen vor – die kleinsten sind ausgewachsen so groß wie ein Fingerhut, während hingegen die größten der baumähnlichen Arten bis zu 24 m Höhe erreichen können. Auch in Form und Wuchseigenschaften weisen sie eine große Vielfalt auf, sie lassen sich aber grob in folgende Kategorien gliedern.

1. Kugelig. Diese große Gruppe läßt sich nach Form und Anordnung der Dornen und dem Vorhandensein oder Fehlen von Warzen oder einem Cephalium weiter untergliedern.

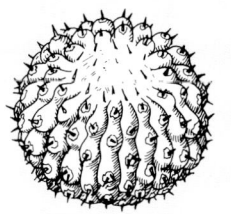

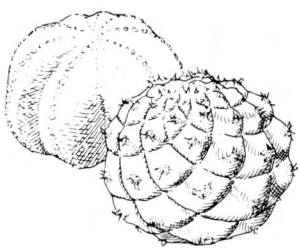

c) Gerade, kurze Dornen
(Echinocereus, Neolloydia, Neoporteria, Pediocactus, Pygmaeocereus, Sclerocactus, Thelocactus, Uebelmannia).

f) Flache oder vortretende Warzen, oft schuppig
(Ariocarpus, Ferobergia, Leuchtenbergia, Neowerdemannia, Obregonia, Ortegocactus, Pelecyphora, Strombocactus).

a) Wenige oder keine Dornen
(Astrophytum, Aztekium, Blossfeldia, Echinocereus, Lophophora, Turbinicarpus).

d) Vortretende Dornen
(Ancistrocactus, Coryphantha, Denmoza, Echinocactus, Echinocereus, Echinofossulocactus, Echinopsis, Eriosyce, Ferocactus, Gymnocactus, Homalocephala, Lobivia, xLobivopsis, Trichocereus).

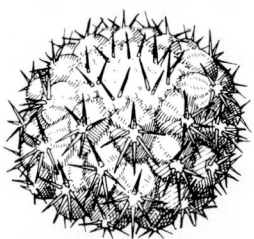

g) Mit wolligem oder dornigem Schopf
(Copiapoa, Matucana, Notocactus, Oroya, Parodia, Weingartia).

b) Feine Dornen
(Acanthocalycium, Echinomastus, Epithelantha, Escobaria, Frailea, Gymnocalycium, Mammillaria).

e) Kammartig angeordnete Dornen
(Buiningia, Pelecyphora).

h) Ausgeprägtes Cephalium
(Discocactus, Melocactus).

2. Säulenförmig. In dieser Grundform, die viele Kakteen gemeinsam haben, gibt es zahlreiche Varianten.

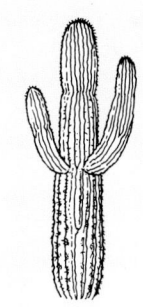

a) Buschig
(Armatiocereus, Austrocephalocereus, Bergerocactus, Calymmanthium, Leocereus, Mammillaria, Neoraimondia, Opuntia, Pereskia, Pereskiopsis, Quiabentia, Stenocereus, Subpilocereus, Tacinga, Thrixanthocereus, Wilcoxia).

c) Kräftig, baumartig
(Browningia, Carnegiea, Facheiroa, Neobuxbaumia, Neodawsonia, Pachycereus, Rauhocereus, Stetsonia).

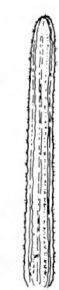

b) Aufrecht oder halb liegend
(Arrojadoa, Arthocereus, Borzicactus, Cereus, Coleocephalocereus, Corryocactus, Echinocereus, Pachygerocereus).

d) Schlank, baumartig
(Cereus, Dendrocereus, Escontria, Eulychnia, Jasminocereus, Lasiocereus, xMyrtillocactus, Polaskia, Pseudopilosocereus, Pterocereus, Samaipaticereus, Siccobaccatus, Stenocereus, xStenomyrtillus, Weberbauerocereus).

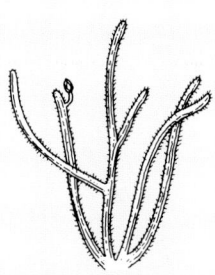

e) Halb kletternd
(Mirabella, Monvillea).

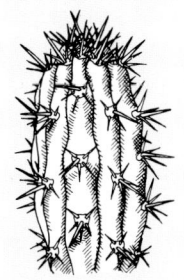

h) Dornig
(Acanthocereus, Borzicactus, xMyrtgerocactus, Trichocereus).

f) Mit sehr kurzer Säule
(Ancistrocactus, Astrophytum, Austrocactus, Borzicactus, Brachycereus, Echinocereus, Echinomastus, Escobaria, Lobivia, Mammillaria, Neolloydia, Setiechinopsis).

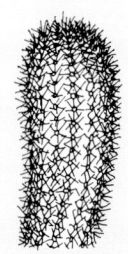

i) Dicht bedornt
(Borzicactus, Haageocereus, Hildewintera).

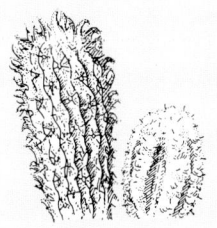

g) Wollig oder behaart
(Cephalocereus, Cipocereus, Cleistocactus, Espostoa, Neobinghamia, Oreocereus, Pilosocereus).

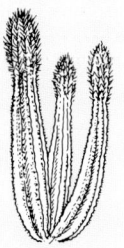

j) Mit ausgeprägtem Cephalium
(Backebergia, Buiningia, Lophocereus, Micranthocereus, Staphanocereus, Vatricania).

3. Wuchernd, gruppenbildend.

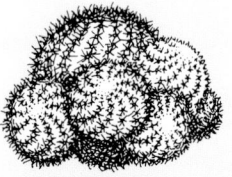

a) Polsterartig
(Coryphantha, Mammillaria, Rebutia, Sulcorebutia).

b) Gruppenbildend
(Echinocereus, Epithelantha, Escobaria, Ferocactus, Gymnocalycium, Pygmaeocereus).

c) Locker gruppenbildend
(Chamaelobivia, Matucana, Sulcorebutia).

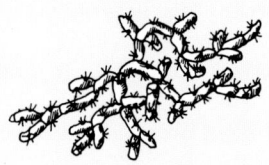

d) Rankend, wuchernd
(Maihuenia, Maihueniopsis, Tephrocactus).

4. Hängend. Unterscheidungsmerkmal ist die Form des Triebes.

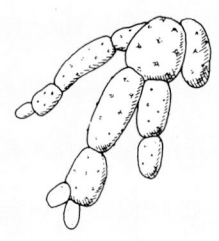

a) Gegliedert
(Acanthorhipsalis, Rhipsalidopsis, Rhipsaphyllopsis, Schlumbergera).

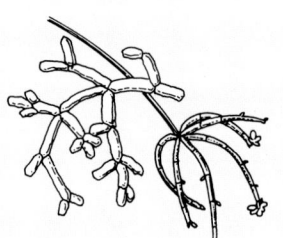

b) Mehr oder weniger röhrenförmig
(Hatiora, Lepismium, Rhipsalis).

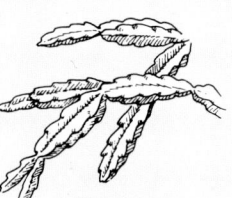

c) Kantig
(Aporoheliocereus, Aporophyllum, Borzicactus, Heliocereus, Pfeiffera, Selenicereus).

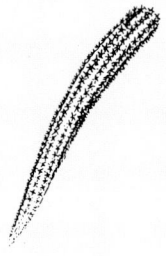

d) Langgestreckt
(Aporocactus, Erythrorhipsalis).

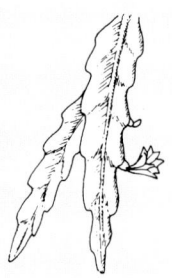

e) Blattartig
(Discocactus, Lymanbensonia, Nopalxochia).

5. Wulstig oder gegliedert
(Opuntia, Pterocactus,
Tephrocactus).

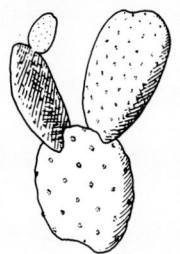

6. Kletternd
(Hylocereus, Seleliocereus,
Selenicereus, Strophocactus).

7. Blattartig

a) Breitblättrig
(Cryptocereus, Disocactus,
Epicactus, Epiphyllum,
Nopalxochia, Wittiocactus).

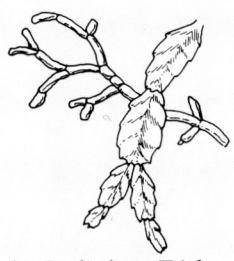

b) Gegliederte Triebe
(Lepismium, Rhipsalis,
Schlumbergera).

8. Wuchernd oder rankend.
Form der Triebe:

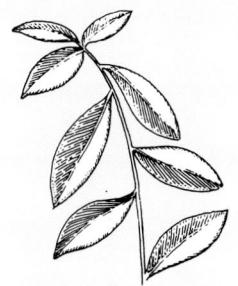

a) Blattartig *(Pereskia).*

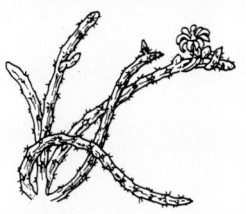

b) Sehr dünn
(Peniocereus, Weberocere-
us, Wilcoxia, Wilmattea).

c) Fest, wuchernd
(Borzicactus, Echinocereus,
Haageocereus,
Loxanthocereus,
Pseudoacanthocereus,
Stenocereus).

d) Schlank, stark
bedornt, wuchernd
(Eriocereus, Harrisia,
Heliocereus, Nycticereus,
Trichocereus).

Einige Arten bringen viele
Formen hervor und gehören
daher zu mehreren Gruppen.

13

DORNEN DER KAKTEEN

Randdornen ohne Mitteldorn

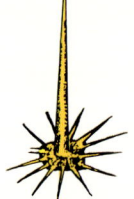

Feine Randdornen mit
einzelnem Mitteldorn

Kräftiger, haken-
förmiger Mitteldorn

Konische, kräftige
Dornen

Borstige, haarähnliche
Dornen

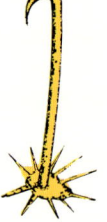

Hakenförmiger,
aufragender Mitteldorn

Kräftiger, quergestreifter,
gebogener Mitteldorn

Kammartige Dornen

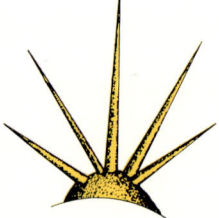

Nadelartige, gerade
Dornen

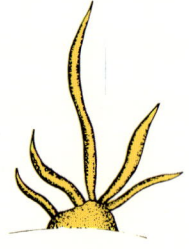

Papierartige, flexible,
flache Dornen

ANATOMIE

Die eigentliche Pflanze besteht aus einem Schwellkörper und Blättern, die zu Dornen oder Schuppen verkümmert sind. Viele Funktionen des Blattes übernimmt hier der Pflanzenkörper, der in einigen Fällen ein blattähnliches Erscheinungsbild hat, während das Pflanzeninnere als Wasserspeicher fungiert. Im allgemeinen gliedert sich der Pflanzenkörper in Rippen oder Warzen, auf denen wollige Seitensprosse, die sogenannten Areolen sitzen. Manche Kakteen haben einen dicht bewollten, borstigen »Schopf«, das Cephalium, aus dem die Blüten entspringen. Neues Wachstum, Dornen und meist auch Blüten bilden sich aus den Areolen, die manchmal ein Büschel borstiger Haare tragen, die man »Glochiden« nennt. Die Dornen sind oft in Gruppen aus einem oder mehreren Mitteldornen und einer Reihe von Randdornen angeordnet, deren Form je nach Spezies variiert (siehe S. 14).

BLÜTEN

Bei nahezu allen Kakteen sind die Blüten zwittrig. Die meisten blühen tagsüber, öffnen sich also nur bei Tageslicht völlig. Bei mehrtägigen Blüten können die Blütenblätter Tag und Nacht offen bleiben oder sich bei Dunkelheit schließen. Die meisten Säulenkakteen und manche Kugelkakteen blühen nachts. Die Blüten sind tagsüber fest geschlossen und öffnen sich am Spätnachmittag oder frühen Abend, um die ganze Nacht offen zu bleiben und sich am frühen Morgen wieder zu schließen. Die verschiedenen Spezies blühen auch zu unterschiedlichen Jahreszeiten. Nach der Befruchtung durch Insekten oder auch Vögel und Fledermäuse bildet sich eine samengefüllte Frucht.

VERBREITUNG DER SAMEN

Bei manchen Spezies bricht die vertrocknete Frucht auf und gibt die Samen frei; andere bilden eine Frucht mit saftigem Fleisch, die von Vögeln und Tieren gefressen wird; diese scheiden dann die Samen über ihre Exkremente aus und verbreiten sie. Viele Kakteen vermehren sich auch vegetativ, indem sie Ableger bilden.

PFLEGE

Kakteen sollte man in Tontöpfen oder Plastikbehältern ziehen, die gerade groß genug sind, um die Pflanze bequem aufnehmen zu können. Pflanzt man verschiedene Arten zusammen, sollte man darauf achten, daß die ausgewählten Spezies die gleichen Anforderungen an die Pflege stellen.

Erde

Alle Kakteen benötigen einen durchlässigen Boden, der eine gute Drainage und Luftzirkulation ermöglicht. Die handelsübliche Kakteenerde besteht gewöhnlich zu gleichen Teilen aus sterilisiertem Lehm, zerkleinertem Torf und grobkörnigem Sand mit einem Langzeitdünger. Verwendet man Kompost ohne Erdbeimengung, sollte man 1 Teil gewaschenen Sand auf 2 Teile Kompost beifügen.

Kakteen aus bestimmten Habitaten haben manchmal auch spezielle Anforderungen. Dornige oder wollige Wüstenkakteen gedeihen gut, wenn man auf 6 Teile Erde 1 Teil Kalksteinkies zugibt.

Da Waldkakteen einen nährstoffreicheren, sauren Boden brauchen, sollte man der handelsüblichen Kakteenerde geringe Mengen granulierten, völlig verrotteten Komposts oder Rinderdungs zugeben (etwa ein Viertel des Torfanteils). Kakteen, die normalerweise an Felshängen wachsen, an denen verrottete Pflanzenteile und Mineralien weggespült werden, sollten eine Erde aus 1 Teil sterilisiertem Lehm, 1 Teil zerkleinertem Torf und 2 Teilen grobkörnigem Sand oder feinem Kies bekommen, die mit 1 Teil granuliertem, verrottetem Kompost auf 3 Teile Erde angereichert ist.

Licht

Wüstenkakteen brauchen pralle Sonne, um gut wachsen zu können, zu blühen und kräftige Dornen zu bilden, während Kakteen aus dem Regenwald und Urwald am besten im Schatten und Halbschatten gedeihen. Viele andere Arten, vor allem die kleineren und die Jungpflanzen, wachsen im Schatten der umgebenden Pflanzen und ziehen daher halbschattige Standorte vor. Von den individuellen Anforderungen einmal abgesehen, brauchen jedoch alle Kakteen eine gewisse Lichtmenge für die Photosynthese.

Temperatur und Feuchtigkeit

Für die meisten Kakteen, die im Zimmer wachsen, genügt im Sommer eine normale Zimmertemperatur und im Winter eine Mindesttemperatur von 5 °C. Wüstenkakteen benötigen während der Ruhephase im Winter jedoch eine Mindesttemperatur von 8–10 °C, und Arten aus extrem heißem Klima wie *Melocactus* und *Discocactus* brauchen sogar 15 °C. Im Frühjahr fördert eine Tageshöchsttemperatur von 22–27 °C Blüte und Wachstum der meisten Wüstenkakteen. Urwald- und Regenwaldkakteen kommen weitgehend mit den gleichen Temperaturen zurecht wie Wüstenkakteen, außer in der Zeit der Blütenbildung und zu Beginn der Blüte; dann sollten die Temperaturen nie unter 10 °C sinken. Da diese Arten an ihren natürlichen Standorten an Feuchtigkeit gewöhnt sind, lieben sie es, regelmäßig von oben mit lauwarmem Regenwasser besprüht zu werden.

Wässern und Düngen

Wässern sollte man äußerst behutsam, da zuviel Feuchtigkeit zu Schwarzfäule führen kann. Während der Wachstumsperiode bis Mitte oder Ende Herbst sollte man frühmorgens oder spätabends gießen; wässern Sie die Erde gut, und warten Sie mit dem nächsten Gießen, bis sie ausgetrocknet ist. Bei heißem, trockenem Wetter simuliert sanftes Besprühen mit Wasser am Abend die Taubildung. Während der Ruhephase kommen die meisten Wüstenkakteen ohne Wasser aus, obwohl man Pflanzen, die in warmen, zentralbeheizten Räumen stehen, gelegentlich anfeuchten sollte, während Urwald- und Regenwaldkakteen ständig feucht zu halten sind. Zu Beginn des Frühjahrs beginnt man wieder zu gießen und erhöht zum Sommer hin nach und nach Menge und Häufigkeit. Ohne Düngung verzögert sich das Wachstum, und die Blüten, falls sie sich überhaupt bilden, sehen armselig aus. Daher sollte man während der Wachstumszeit etwa alle 3–5 Wochen verdünnten Dünger geben, mit Stickstoff, Kalium, Pottasche und wichtigen Spurenelementen. Alternativ kann man auch speziellen Kakteendünger nehmen.

Vermehrung

Die meisten Kakteen lassen sich leicht durch Stecklinge oder Ableger vermehren. Um einen Steckling zu erhalten, schneidet man mit einem scharfen Messer einen Teil des Pflanzenkörpers an der schmalsten Stelle ab. Ableger sollte man Mitte des Frühjahrs und während des Sommers entfernen. Anschließend läßt man sie an einem warmen, trockenen Ort liegen, bis die Wunde verheilt ist, ehe man sie in gut durchlässige Erde pflanzt, also in groben Sand, Perlit oder Vermiculit. Samen sollte man in kleine, flache Behälter, vorzugsweise aus Kunststoff, aussäen, die sich mit Glas abdecken lassen. Nach dem Angießen hält man die Anzuchterde feucht, indem man die Behälter in Wasser taucht; sie sollten bei Temperaturen zwischen 21 und 32 °C stehen. Die Keimpflanze muß vor praller Sonne geschützt werden.

STECKLINGSVERMEHRUNG

Den Trieb mit einem scharfen Messer oder einer Gartenschere abschneiden.

Die Stecklinge an einem warmen, trockenen Ort lagern, bis sich ein Kallus bildet.

Die Stecklinge so tief in Erde stecken, daß sie aufrecht stehen.

Sobald sich die ersten Anzeichen von Wachstum zeigen, herausnehmen und umtopfen.

ACANTHOCALYCIUM VIOLACEUM

Einzeln wachsender, mehr oder weniger kugelförmiger Kaktus mit mattgrünem Körper, der in etwa 15 Rippen untergliedert und mit feinen Dornen besetzt ist.
GRÖSSE 20 cm Höhe, 13 cm Durchmesser
AREOLEN weißwollig; sitzen auf den Rippen
DORNEN gelblichbraun, 12 und mehr schlanke Randdornen; 3–4 etwas längere Mitteldornen
BLÜTEN glockig, 7,5 cm lang, 6 cm Durchmesser, blaßviolett, wachsen in Scheitelnähe
BLÜTEZEIT tagblühend, Sommer
HERKUNFT Argentinien (Cordoba)
PFLEGE gedeiht in handelsüblicher Kakteenerde in voller Sonne an einem luftigen Standort; Mindesttemperatur im Winter 7 °C

ACANTHOCEREUS HORRIDUS

Halb aufrechter, stark verzweigter Säulenkaktus. Der dunkelgrüne, etwa 10 cm dicke, dornige Pflanzenkörper hat 3 flügelartige Rippen mit gekerbten Rändern.
GRÖSSE unterschiedlich
AREOLEN sitzen in 3–6 cm Abstand auf den Rippen
DORNEN bis zu 6 Randdornen von bis zu 1 cm Länge, 1–2 kräftige, bräunliche Mitteldornen von etwa 5 cm Länge, die im Alter grau werden
BLÜTEN etwa 20 cm lang, weiß mit grünlichbraunen Kelchblättern
BLÜTEZEIT nachtblühend, Sommer
HERKUNFT Guatemala
PFLEGE gedeiht in handelsüblicher Kakteenerde in voller Sonne; Mindesttemperatur 13 °C

ANCISTROCACTUS UNCINATUS

Kurzer Säulenkaktus mit abgeflachtem Scheitel. Der bläulichgrüne Körper hat bis zu 13 vorstehende, gerade Rippen mit Verdickungen an den Areolen.

GRÖSSE 20 cm Höhe, 7 cm Durchmesser
AREOLEN weißwollig und von gelblichem Haar umgeben, sitzen auf den Rippen
DORNEN 8 kräftige, weiße Randdornen; 1–2 Mitteldornen, einer davon an der Spitze hakenförmig
BLÜTEN glockig, Länge bis zu 2,5 cm, dunkelorange mit weißem Rand; wachsen aus dem Scheitel
BLÜTEZEIT tagblühend, Hochsommer
HERKUNFT USA (Texas), (Nord- bis Zentral-)Mexiko
PFLEGE gedeiht in handelsüblicher Kakteenerde, der etwas Kies zugesetzt ist; vollsonnig; Mindesttemperatur 10 °C

APOROCACTUS MARTIANUS

Kriechender oder hängender Kaktus mit zahlreichen langgestreckten, zylindrischen Ruten von bis zu 1 m Länge und 2 cm Durchmesser, die 8 flache Rippen haben.

GRÖSSE unterschiedlich
AREOLEN cremewollig, im Abstand von 6–10 mm auf den Rippen
DORNEN 6–8 feine, gelbliche Randdornen; 2 und mehr recht borstige, gelbliche Mitteldornen
BLÜTEN leicht trichterförmig, Länge 4 cm, Durchmesser etwa 6 cm, rot; bilden sich entlang den Ruten
BLÜTEZEIT tagblühend, Frühsommer
HERKUNFT Mexiko (Oaxaca)
PFLEGE gedeiht in handelsüblicher Kakteenerde; vollsonnig; mindestens 13 °C

ARIOCARPUS TRIGONUS

Einzeln wachsender, graugrüner Kugelkaktus mit zahlreichen halb aufgerichteten Warzen. Diese spitz zulaufenden, dreieckigen Warzen sind 5 cm lang, an der Basis 2,5 cm breit und haben eine abgeflachte, glatte Oberseite.

GRÖSSE 10–15 cm Durchmesser
AREOLEN sitzen an der Warzenspitze
DORNEN keine
BLÜTEN Durchmesser etwa 5 cm, gelblich; entspringen in den Axillen der Warzen
BLÜTEZEIT tagblühend, Hochsommer
HERKUNFT Mexiko (Nuevo Léon, Tamaulipas)
PFLEGE gedeiht in grobkörniger, nährstoffreicher Erde; vollsonnig; Mindesttemperatur 13 °C; im Winter nicht wässern

ARMATOCEREUS CARTWRIGHTIANUS

Buschiger, stark aussprossender Säulenkaktus. Der Pflanzenkörper besteht aus mattgrünen Segmenten von 15–60 cm Länge und 8–15 cm Durchmesser; er hat 7–8 vortretende Rippen.

GRÖSSE 3–5 m Höhe
AREOLEN groß, braun, sitzen auf den Rippen
DORNEN etwa 20, weißlich oder dunkelbräunlich, 1–2 cm lang, ausgewachsen bis zu 12 cm lang
BLÜTEN 7–8 cm lang, innen weiß, außen rötlich
BLÜTEZEIT nachtblühend, Sommer
HERKUNFT Ecuador, Nordperu
PFLEGE gedeiht in handelsüblicher Kakteenerde im Halbschatten; Mindesttemperatur 13 °C

ARROJADOA RHODANTHA

Aufrechter, meist kletternder Kaktus, der am Ansatz häufig aussproßt. Der dunkel-grune Pflanzenkörper ist mehr oder weniger zylindrisch, 2–4 cm dick und hat 10–14 flache Rippen. Er wächst durch das braunwollige, rötlichbraun-borstige Cephalium weiter und bildet im Folgejahr einen neuen, blühenden Scheitel. In seltenen Fällen entwickelt sich das Cephalium zu einem Kranz aus Borsten und Wolle, der den Körper wie ein Kragen umgibt. Die runde Frucht ist purpurrot.

GRÖSSE 2 m Höhe

AREOLEN an der Basis hellbraunwollig, sitzen im Abstand von 1 cm auf den Rippen

DORNEN anfangs gelblich, später braun; etwa 20 Randdornen und 5–6 Mittel-dornen von 1–3 cm Länge

BLÜTEN Röhrenförmig, 3–3,5 cm lang, Durchmesser 1–1,2 cm, purpurpink; bilden sich aus dem Cephalium

BLÜTEZEIT tagblühend, Frühsommer

HERKUNFT Brasilien (Bahía, Minas Gerais)

PFLEGE gedeiht in handelsüblicher Kakteenerde; vollsonnig; Mindest-temperatur 13 °C

ASTROPHYTUM ASTERIAS
(SEEIGELKAKTUS)

Einzeln wachsender Kugelkaktus mit deutlich abgeflachtem Scheitel. Der violett-braune Pflanzenkörper ist mit rundlichen, weißen Schuppen übersät und hat 6–8 fast völlig abgeflachte Rippen, die durch gerade Furchen getrennt sind.

GRÖSSE 5 cm Höhe, 10 cm Durchmesser

AREOLEN auffallend, weißwollig, im Abstand von etwa 6 mm auf den Rippen

DORNEN keine

BLÜTEN gänseblümchenähnlich, Länge etwa 3 cm, Durchmesser 4 cm, gelb, innen mit leicht rötlichem Grund, der aber durch die Pollen verdeckt wird; bilden sich aus dem Scheitel

BLÜTEZEIT tagblühend, Frühsommer

HERKUNFT Mexiko (Tamaulipas)

PFLEGE gedeiht in handelsüblicher Kakteenerde; vollsonnig; Mindest-temperatur 7 °C

ASTROPHYTUM MYRIOSTIGMA
(BISCHOFSMÜTZE)

Kugeliger bis leicht gestreckter Kaktus mit grünem Pflanzenkörper, dessen Farbe durch die dicht sitzenden, winzigen, weißlichen Schuppen fast völlig verdeckt wird; er hat 4–8 deutlich vortretende Rippen.

GRÖSSE 10–20 cm Durchmesser
AREOLEN bräunlich und wollig, sitzen dicht nebeneinander auf den Rippen
DORNEN keine
BLÜTEN gänseblümchenartig, Länge 4–6 cm, Durchmesser 6 cm, gelb, manchmal mit rotem Zentrum; wachsen aus dem Scheitel
BLÜTEZEIT tagblühend, Sommer
HERKUNFT (Zentral- und Nord-)Mexiko, in großen Höhen (über 2 000 m) zu finden
PFLEGE gedeiht in handelsüblicher Kakteenerde; vollsonnig; Mindesttemperatur 10 °C

AUSTROCEPHALOCEREUS DYBOWSKII

Aufrechter, gerade wachsender Säulenkaktus mit mehreren wolligen Trieben. Die je 20–28 flachen Rippen sind dicht mit feinen Dornen und gelblicher Wolle überzogen. Das weißwollige Cephalium kann sich seitlich vom Scheitel 20–60 cm nach unten erstrecken.

GRÖSSE 2–4 m Höhe, 8–10 cm Durchmesser
AREOLEN sitzen dicht nebeneinander auf den Rippen
DORNEN zahlreiche kurze, feine Randdornen, meist von Wolle verdeckt; 2–3 gelbliche Mitteldornen, Länge 2–3 cm
BLÜTEN glockig, 4–6 cm lang, weißlich; wachsen aus dem Cephalium
BLÜTEZEIT nachtblühend, Sommer
HERKUNFT Brasilien (Bahía)
PFLEGE gedeiht in handelsüblicher Kakteenerde; vollsonnig; Mindesttemperatur 15 °C

AZTEKIUM RITTERI

Einzigartige Spezies eines abgeflachten Kugelkaktus, der meist am Ansatz zu dichten Gruppen aussproßt. Der olivgrüne Pflanzenkörper hat 9–11 Rippen von 1 cm Höhe und 8 mm Breite, mit kleineren Nebenrippen. Der gesamte Körper ist von unregelmäßigen Querfurchen durchzogen, die fächerförmig von oben nach unten führen und wie Schuppen wirken.

GRÖSSE 5 cm Durchmesser
AREOLEN winzig, weißwollig, sitzen dicht nebeneinander auf den Rippen
DORNEN 1–4, flach, papierähnlich, gebogen, bis zu 4 mm lang; fallen leicht ab
BLÜTEN Länge 1 cm, Durchmesser 8 mm, weiß oder zartrosa; bilden sich aus neuen Areolen im Scheitel
BLÜTEZEIT tagblühend, Sommer
HERKUNFT Mexiko (Nuevo Léon); auf steinigen Schieferhängen zu finden
PFLEGE gedeiht in handelsüblicher Kakteenerde; vollsonnig; Mindesttemperatur 10 °C

BACKEBERGIA MILITARIS

Robuster Säulenkaktus, der sich fast baumartig verzweigt. Die einzelnen Triebe erreichen einen Durchmesser bis 12 cm und haben 5–11 leicht vortretende Rippen. Den Scheitel bedeckt ein rundes Cephalium aus orangebraunen Borsten.

GRÖSSE 6 m Höhe
AREOLEN grauweißwollig, sitzen auf den Rippen
DORNEN grau, Länge 1 cm; 7–13 Randdornen; 1–4 Mitteldornen
BLÜTEN glockig, Länge 7 cm, Durchmesser 4 cm, orangerot, aufgeblüht cremeweiß; bilden sich aus der Mitte des Cephaliums
BLÜTEZEIT nachtblühend, Sommer
HERKUNFT Mexiko (Guerrero, Michoacan)
PFLEGE gedeiht in handelsüblicher Kakteenerde; vollsonnig; Mindesttemperatur 13 °C

BLOSSFELDIA LILIPUTANA

Sehr kleiner, leicht abgeflachter Kugelkaktus mit graugrünem Pflanzenkörper ohne Rippen.

GRÖSSE 1 cm Durchmesser
AREOLEN spärlich bewollt
DORNEN keine
BLÜTEN weit gespreizt, voll erblüht 1 cm Durchmesser, weißlichgelb; bilden sich in der Scheitelmitte
BLÜTEZEIT tagblühend, Hochsommer
HERKUNFT Argentinien, Bolivien
PFLEGE gedeiht in handelsüblicher Kakteenerde; vollsonnig; mindestens 13 °C

BORZICACTUS
SAMAIPATANUS

Anfangs aufrechter, später hängender Kaktus mit langgestreckten, hellgrünen Trieben von bis zu 1,5 m Länge und 3–5 cm Durchmesser. Sie sprossen am Ansatz stark aus und haben in gleichmäßigem Abstand eine gerade Anzahl von Rippen (14–16). Die rote, runde Frucht ist bewollt.

GRÖSSE unterschiedlich
AREOLEN bräunlich, im Abstand von 3–4 mm versetzt zu den Areolen benachbarter Rippen angeordnet
DORNEN 13–22, schlank, gelblichbraun, 0,4–3 cm lang
BLÜTEN trichterförmig, gebogen, 4–6 cm lang, dunkelrot mit blasseren Rändern und helleren Staubgefäßen; bilden sich in Scheitelnähe; Blütenkelch behaart und schuppig
BLÜTEZEIT tagblühend, Sommer
HERKUNFT Bolivien (Santa Cruz)
PFLEGE gedeiht in handelsüblicher Kakteenerde in mäßiger bis voller Sonne; Mindesttemperatur 10 °C

BRACHYCEREUS NESIOTICUS

Ziemlich kleiner, gruppenbildender Säulenkaktus mit grünlichem Pflanzenkörper und 13–16 dicht bedornten Rippen.

GRÖSSE 30–60 cm Höhe
AREOLEN blaßbräunlich, 2,5 mm Durchmesser; sitzen auf den Rippen
DORNEN 40 und mehr, anfangs braun, später grau, bis 3 cm Länge
BLÜTEN 4–6,5 cm lang, Durchmesser 2,5–3 cm, schmale, weiße Blütenblätter; bilden sich seitlich am Pflanzenkörper
BLÜTEZEIT nachtblühend, Sommer
HERKUNFT Galapagos-Inseln
PFLEGE gedeiht in leicht kalkhaltiger Erde; vollsonnig; Mindesttemperatur 15 °C

BROWNINGIA HERTLINGIANA

Säulenkaktus mit abgerundetem Scheitel. Die blaugrünen Triebe, die sich bei der ausgewachsenen Pflanze gern verzweigen, haben 18 und mehr Rippen mit keilförmigen Vertiefungen zwischen den Areolen.

GRÖSSE bis zu 8 m Höhe, 30 cm Durchmesser
AREOLEN vortretend, grauwollig, sitzen auf den Rippen
DORNEN gelblichgrau mit braunen Spitzen; 4–7 Randdornen, bis zu 3 Mitteldornen, 8 cm lang; mit dem Alter nimmt die Zahl der Dornen zu
BLÜTEN trichterförmig, nach oben gebogen, etwa 5 cm Durchmesser, innen weiß, außen leicht purpurfarben; stark geschuppter Kelch
BLÜTEZEIT nachtblühend, Sommer
HERKUNFT Peru (Mantaro-Tal)
PFLEGE gedeiht in handelsüblicher, leicht kalkhaltiger Kakteenerde; vollsonnig; Mindesttemperatur 13 °C

BUININGIA AUREA

Kleiner, am Ansatz stark aussprossender gruppenbildender Säulenkaktus. Der mattgrüne Pflanzenkörper hat einen Durchmesser von 7–10 cm und 10–16 Rippen. Seitlich entwickelt sich ein Pseudocephalium aus weißer Wolle und Borsten.

GRÖSSE 60 cm hoch
AREOLEN sitzen auf den Rippen
DORNEN goldgelb; 10–15 Randdornen, 1–2 cm lang; 1–4 Mitteldornen, 5–7 cm lang
BLÜTEN sehr klein, blaß gelblichgrün; bilden sich aus dem Pseudocephalium
BLÜTEZEIT nachtblühend, Sommer
HERKUNFT Brasilien (Minas Gerais)
PFLEGE gedeiht in handelsüblicher Kakteenerde; vollsonnig; Mindesttemperatur 13 °C

CARNEGIEA GIGANTEA
(KANDELABERKAKTUS)

Aufrechte, baumartige, riesige Säule, die sich ab ca. 2,20 m Höhe mehrfach verzweigt. Jeder dunkelgrüne Trieb hat 12–24 vertikale Rippen. Die ovale, rote Frucht ist eßbar. Man kennt diesen langsam wachsenden Kaktus aus Westernfilmen.

GRÖSSE 14 m Höhe, 65 cm Durchmesser
AREOLEN sitzen im Abstand von etwa 2 cm auf den Rippen
DORNEN 12 und mehr bräunlichgraue Randdornen, 1–2 cm lang; 3–6 kräftigere, bräunliche Mitteldornen
BLÜTEN trichterförmig, Länge und Durchmesser etwa 12 cm, innen weißliche, außen grüne Blütenblätter; bilden sich aus den Trieb-Enden
BLÜTEZEIT nachtblühend, Sommer
HERKUNFT Mexiko (Sonora), USA (Arizona, Kalifornien)
PFLEGE gedeiht in handelsüblicher Kakteenerde; vollsonnig; Mindesttemperatur 10 °C

CEPHALOCEREUS SENILIS
(GREISENHAUPT)

Meist am Ansatz aussprossender Säulenkaktus mit blaugrauem Schopf. Der grau-grüne Pflanzenkörper hat 12–30 flache, abgerundete Rippen; bei der ausgewach-senen Pflanze bildet sich ein Cephalium. Die rote Frucht ist cremewollig.

GRÖSSE 15 m Höhe, 40 cm Durchmesser
AREOLEN sitzen dicht nebeneinander auf den Rippen
DORNEN 20–30 borstige, weiße Randdornen, 6–12 cm lang; 1–5 Mittel-dornen, 1,2–5 cm lang
BLÜTEN trompetenförmig, Länge bis 8,5 cm, Durchmesser 7 cm, weißlichgelb; bilden sich aus dem Cephalium einseitig in Scheitelnähe am Stamm
BLÜTEZEIT nachtblühend, Sommer
HERKUNFT Mexiko (Guanajuato, Hidalgo)
PFLEGE gedeiht in handelsüblicher Kakteenerde; vollsonnig; Mindesttemperatur 13 °C

CEREUS AETHIOPS

Aufrechter, schlanker, selten aussprossender Säulenkaktus. Der dunkelblaue, später dunkelgrüne Pflanzenkörper hat 8 Rippen mit kleinen Warzen.

GRÖSSE 2 m Höhe, 3–4 cm Durchmesser
AREOLEN fast schwarz; sitzen im Abstand von 1,5 cm auf den Rippen
DORNEN schwarz; 9–12 Randdornen, bis zu 1,2 cm lang; 2–4 Mitteldornen, bis zu 2 cm lang
BLÜTEN bis zu 20 cm lang, innen weiße oder blaß rosafar-bene, außen grünlichbraune Blütenblätter; sie bilden sich seitlich am Trieb
BLÜTEZEIT nachtblühend, Sommer
HERKUNFT Argentinien (Mendoza)
PFLEGE gedeiht in handelsüblicher Kakteenerde; vollsonnig; Mindesttemperatur 10 °C

CEREUS CHALYBAEUS

Hoher Säulenkaktus mit wenigen bläulichen bis dunkelgrünen Trieben von 5–10 cm Dicke mit 5–6 Rippen, die durch tiefe Furchen getrennt sind.
GRÖSSE 3 m Höhe
AREOLEN sitzen im Abstand von 2 cm auf den Rippen
DORNEN schwärzlich, 7–9 Randdornen, bis zu 1,4 cm lang; 3–4 etwas längere Mitteldornen
BLÜTEN tellerförmig, Durchmesser bis zu 20 cm, innen weiß, außen rötlich; bilden sich seitlich am Trieb
BLÜTEZEIT nachtblühend, Sommer
HERKUNFT Argentinien, Brasilien
PFLEGE gedeiht in handelsüblicher Kakteenerde; vollsonnig; Mindesttemperatur 10 °C

CEREUS PERUVIANUS

Hoher, schlanker, sich verzweigender Säulenkaktus mit mattgrünen Trieben, deren 5–8 Rippen an den Areolen spitzwinklig gefurcht und eingekerbt sind.
GRÖSSE 3–5 m Höhe, 10–25 cm Durchmesser
AREOLEN braunwollig, sitzen im Abstand von 2 cm auf den Rippen
DORNEN 4–7 braune Randdornen, ca. 1 cm lang; 1 rötlichbrauner Mitteldorn, bis 2 cm lang
BLÜTEN trichterförmig, etwa 16 cm lang; weiß mit grünlichbraunen Kelchblättern; sie bilden sich in Scheitelnähe
BLÜTEZEIT nachtblühend, Sommer
HERKUNFT Argentinien, Brasilien (ungewiß)
PFLEGE gedeiht in handelsüblicher Kakteenerde; vollsonnig; Mindesttemperatur 10 °C

CIPOCEREUS PLEUROCARPUS

Recht kurzer Säulenkaktus, dessen mattgrüne Triebe 10—16 Rippen von 3—5 mm Höhe haben.
GRÖSSE 3 cm Durchmesser
AREOLEN bräunlichweiß, sitzen auf den Rippen
DORNEN 8—11 braune Randdornen, bis 1 cm lang; 4 und mehr vortretende Mitteldornen, bis 2,5 cm lang
BLÜTEN röhrenförmig, etwa 5 cm lang, cremeweiß, leicht duftend; sie bilden sich in Scheitelnähe seitlich am Trieb
BLÜTEZEIT nachtblühend, Hochsommer
HERKUNFT Brasilien (Serra do Cipó, Minas Gerais)
PFLEGE gedeiht in handelsüblicher Kakteenerde; vollsonnig; Mindesttemperatur 13 °C

CLEISTOCACTUS BROOKEI

Halb aufrechter, leicht aufsteigender Säulenkaktus. Die grünlichen Triebe von etwa 50 cm Länge und 4—5 cm Durchmesser haben etwa 25 Rippen.
GRÖSSE unterschiedlich
AREOLEN graubraun, sitzen auf den Rippen
DORNEN 30—40, grauweiß oder gelblich, 4—9 mm lang
BLÜTEN röhrenförmig, etwa 5 cm lang, meist karmesinrot; sie bilden sich seitlich am Trieb
BLÜTEZEIT tagblühend, Spätsommer
HERKUNFT Bolivien (Santa Cruz)
PFLEGE gedeiht in handelsüblicher Kakteenerde; vollsonnig; Mindesttemperatur 13 °C

COLEOCEPHALOCEREUS BRAUNII

Halb liegender, erst kürzlich von Horst, Pereira und Braun entdeckter Säulenkaktus. Die leuchtend grünen Triebe haben 12 und mehr vortretende, gekerbte Rippen. Das aus gelblichen Dornen und Wolle bestehende Cephalium bildet sich, wenn die Pflanze eine Höhe von 15 cm erreicht hat. Die Frucht ist purpurrot.

GRÖSSE 1 m hoch
AREOLEN blaßbräunlich, sitzen auf den Rippen
DORNEN gelblich
BLÜTEN weit gespreizt, grünlichweiß; bilden sich aus dem Cephalium
BLÜTEZEIT nachtblühend, Sommer
HERKUNFT Brasilien (Espírito Santo)
PFLEGE gedeiht in handelsüblicher Kakteenerde; vollsonnig; Mindesttemperatur 13 °C

COPIAPOA HYPOGAEA

Einzeln wachsender Kugelkaktus mit abgeflachtem, weißwolligem Scheitel und recht rauher Haut. Der matt bräunlichgrüne Pflanzenkörper hat 10–14 leicht spiralförmige Rippen, die in gleichmäßige Warzen aufgeteilt sind.

GRÖSSE 4–6,5 cm Durchmesser
AREOLEN weißwollig, in einer leichten Vertiefung auf dem Warzenscheitel
DORNEN 1–6, bräunlich, 2–4 mm lang, fallen schnell ab
BLÜTEN offen glockig, bis 3 cm Durchmesser, 2 cm lang, schimmernd gelb; sie bilden sich aus dem Scheitel
BLÜTEZEIT tagblühend, Spätsommer
HERKUNFT Chile (Antofagasta)
PFLEGE gedeiht in handelsüblicher Kakteenerde in gutem, aber indirektem Sonnenlicht; Mindesttemperatur 10 °C. Sehr vorsichtig wässern!

CORYPHANTHA
ANDREAE

Einzeln wachsender, später manchmal leicht gestreckter Kugelkaktus mit auffallenden Dornen. Der glänzend dunkelgrüne Pflanzenkörper ist rundum mit stark vortretenden Warzen von 2 cm Höhe und 2,5 cm Dicke bedeckt. Der leicht konkave Scheitel ist in der Mitte weißwollig.
GRÖSSE 9 cm Durchmesser
AREOLEN die tiefe Furche, die sich von der Areole über die Oberseite jeder Warze zieht, ist weißwollig
DORNEN etwa 10 gelblichgraue Randdornen, bis 1,2 cm lang; 5–7 kräftigere, gebogene Mitteldornen, bis 2,5 cm lang
BLÜTEN weit gespreizt, Durchmesser 5–6 cm, leuchtend gelb; sie bilden sich am Scheitel
BLÜTEZEIT tagblühend, Sommer
HERKUNFT Mexiko (Vera Cruz)
PFLEGE gedeiht in handelsüblicher Kakteenerde; vollsonnig; Mindesttemperatur 10 °C

CORYPHANTHA MACROMERIS
VAR. RUNYONI

Dichte Gruppen bildender Kaktus mit vortretenden Dornen. Die kleinen, zylindrischen, graugrünen Triebe haben rundliche Warzen von 1–2 cm Höhe.
GRÖSSE bis 50 cm Durchmesser (Gruppen)
AREOLEN wollig
DORNEN gelblich- bis rötlichorange, bis 3 cm lang; 6–7 Randdornen, 1–3 Mitteldornen
BLÜTEN trichterförmig, bis zu 5 cm Durchmesser, weiß mit rosapurpurner Tuschung; sie bilden sich am Scheitel
BLÜTEZEIT tagblühend, Hochsommer
HERKUNFT USA (Texas)
PFLEGE gedeiht in leicht kalkhaltiger Erde; vollsonnig; Mindesttemperatur 10 °C

DENMOZA ERYTHROCEPHALA

Einzeln wachsender, kugeliger bis leicht gestreckter Kaktus, dessen graugrüner Pflanzenkörper 20–30 flache, abgerundete, tief gefurchte Rippen hat.

GRÖSSE 1,5 m Höhe, 15–30 cm Durchmesser
AREOLEN braun bei Jungpflanzen, später weißwollig mit biegsamen, haarähnlichen Borsten; sitzen auf den Rippen
DORNEN 30 und mehr, rötlichbraun, bis 6 cm lang
BLÜTEN röhrenförmig, bis zu 7,5 cm lang, die roten Blütenblätter sind 1 cm lang und eng beieinander, Staubgefäße, Griffel und Narbe stehen über
BLÜTEZEIT tagblühend, Sommer
HERKUNFT Argentinien (Mendoza)
PFLEGE gedeiht in handelsüblicher Kakteenerde; vollsonnig; Mindesttemperatur 10 °C

DISCOCACTUS CEPHALIACICULOSUS

Leicht abgeflachter Kugelkaktus. Der Pflanzenkörper hat 13–18 Rippen, die in vortretende Warzen unterteilt sind. Das auffällige Cephalium ist weißwollig und hat vortretende rötliche Dornen.

GRÖSSE 13 cm Höhe, 20–26 cm Durchmesser
AREOLEN sitzen an den Spitzen der Warzen
DORNEN hornfarben, später dunkelgrau; bis zu 6 Randdornen, 3,7 cm lang; selten 1 Mitteldorn, bis zu 2,5 cm lang
BLÜTEN bis zu 4 cm lang, Durchmesser etwa 3 cm, weiß
BLÜTEZEIT nachtblühend, Sommer
HERKUNFT Brasilien (Goiás)
PFLEGE gedeiht in handelsüblicher Kakteenerde; vollsonnig; Mindesttemperatur 16 °C

DISCOCACTUS EICHLAMII

Hängender, epiphytischer Kaktus mit schlankem, zylindrischem Stamm. Die zahlreichen abgeflachten Triebe von ca. 30 cm Länge und 5 cm Breite sind leicht fleischig und haben gekerbte Ränder.

GRÖSSE unterschiedlich
AREOLEN klein, sitzen am Rand der Triebe
DORNEN keine
BLÜTEN schlank, trompetenartig, etwa 6 cm lang, karmesinrot; sie bilden sich an den Rändern der Triebe
BLÜTEZEIT tagblühend, aufeinanderfolgend vom späten Winter bis Anfang des Frühjahrs
HERKUNFT Guatemala
PFLEGE gedeiht in poröser, saurer Erde im Halbschatten; Mindesttemperatur 15 °C

ECHINOCACTUS POLYCEPHALUS

Manchmal leicht gestreckter Kugelkaktus mit stark vortretenden Dornen, wächst anfangs einzeln, bildet aber später große Gruppen. Der Pflanzenkörper hat 13–21 Rippen.

GRÖSSE 40–70 cm Höhe, 18–25 cm Durchmesser
AREOLEN weißlichgrau, sitzen im Abstand von 3 cm auf den Rippen
DORNEN rötlichbraun, 4–8 leicht abgeflachte, nach außen gespreizte Randdornen, bis zu 5 cm lang; 4 Mitteldornen, 4–9 cm lang
BLÜTEN röhrenförmig, 5–6 cm lang, gelb; bilden sich am Scheitel
BLÜTEZEIT tagblühend, Sommer
HERKUNFT Mexiko (Sonora), USA (Kalifornien, Nevada)
PFLEGE gedeiht in handelsüblicher Kakteenerde; vollsonnig; Mindesttemperatur 10 °C

ECHINOCEREUS KNIPPELIANUS

Fast ovaler Kugelkaktus mit leicht konkavem Scheitel. Der sehr dunkle grüne Stamm hat 5–6 abgerundete Rippen, die von breiten Furchen getrennt sind. Seitensprosse, die aus der Pfahlwurzel entspringen, bilden Gruppen.

GRÖSSE 5 cm Durchmesser und mehr
AREOLEN weißwollig, sitzen in großen Abständen auf den Rippen
DORNEN 1–3, kurz, borstig, gebogen, cremefarben, bis 1,5 cm lang
BLÜTEN trichterförmig, etwa 4 cm lang, rosa; bilden sich aus den Areolen in Scheitelnähe
BLÜTEZEIT tagblühend, Frühjahr und Frühsommer
HERKUNFT Mexiko (Coahuila)
PFLEGE gedeiht in handelsüblicher Kakteenerde; vollsonnig; Mindesttemperatur 10 °C

ECHINOCEREUS PECTINATUS

Einzeln wachsender, kugeliger bis gestreckter Kaktus mit gewölbtem Scheitel, der am Ansatz aussproßt und Gruppen bildet. Der blaugrüne Pflanzenkörper hat bis zu 20 Rippen, die an der Basis breiter und fast völlig mit kammartig angeordneten Dornen überzogen sind.

GRÖSSE 15–20 cm Höhe, 5 cm Durchmesser
AREOLEN vortretend, rund, creme- und braunwollig, auf den Rippen; zum Scheitel hin dichter
DORNEN 20–25 weiße und rosafarbene Randdornen; 6 kurze, cremefarbene Mitteldornen
BLÜTEN trichterförmig, weit gespreizt, Durchmesser bis 8 cm, dorniger Blütenkelch von 6 cm Länge; Blütenblätter glänzend rosafarben, Staubgefäße gelb; sie bilden sich um den Scheitel
BLÜTEZEIT tagblühend, Sommer
HERKUNFT Mexiko
PFLEGE gedeiht in handelsüblicher Kakteenerde; vollsonnig; Mindesttemperatur 10 °C

ECHINOCEREUS SUBINERMIS

Anfangs kugeliger, später gestreckter Kaktus, manchmal gruppenbildend. Der mattgrüne Pflanzenkörper von etwa 15 cm Länge und 7–9 cm Durchmesser hat 5–9 vortretende Rippen, getrennt durch schmale Furchen. Aus einer Wurzel können kleinere Gruppen von Trieben wachsen.

GRÖSSE 15 cm Höhe, 9 cm Durchmesser

AREOLEN klein, grauwollig, sitzen auf den Rippen

DORNEN 3–10 grauweiße Randdornen, 4 mm lang; 1 grauer Mitteldorn, 7 mm lang. Ausgewachsene Pflanzen sind meist dornenlos

BLÜTEN weit gespreizt, Durchmesser etwa 9 cm, leuchtend zitronengelb; bilden sich an Stengeln, die in Scheitelnähe entspringen

BLÜTEZEIT tagblühend, Sommer

HERKUNFT (Zentral- und Nord-)Mexiko

PFLEGE gedeiht in handelsüblicher Kakteenerde; vollsonnig; mindestens 10 °C

ECHINOCEREUS TRIGLOCHIDIATUS VAR. GONIACANTHUS

Kurzer Säulenkaktus mit leicht abgeflachtem Scheitel, der gern Gruppen bildet. Der zylindrische, mattgrüne Pflanzenkörper von bis zu 6 cm Durchmesser hat 7–9 mehr oder weniger scharfkantige Rippen.

GRÖSSE 20 cm Höhe

AREOLEN grauweißwollig, sitzen auf den Rippen

DORNEN 8 kräftige, graugelbe Randdornen, 1,5–2 cm lang; 1 gelblicher Mitteldorn mit schwarzer Spitze, etwa 6 cm lang

BLÜTEN weit gespreizt, 4–5 cm lang, leuchtend gelborange mit cremegelben Staubgefäßen; sie bilden sich an schlauchförmigen Blütenkelchen, die seitlich am Trieb entspringen

BLÜTEZEIT tagblühend, Sommer

HERKUNFT USA (Südstaaten)

PFLEGE gedeiht in handelsüblicher Kakteenerde; vollsonnig; Mindesttemperatur 10 °C

ECHINOFOSSULOCACTUS
PHYLLACANTHUS

Einzeln wachsender Kugelkaktus mit leicht abgeflachtem Scheitel und auffallenden Dornen. Der dunkle, bläulichgrüne Pflanzenkörper hat 30–35 schmale Rippen mit gekerbter Kante.

GRÖSSE 8 cm Durchmesser

AREOLEN sitzen im Abstand von 2,5 cm auf den Rippen, versetzt zu den Areolen der Nachbarrippen

DORNEN rot bis braun, insgesamt 7; die oberen 3 sind 4–8 cm lang und flach, die übrigen schlank und gespreizt

BLÜTEN trichterförmig, bis 2 cm lang, gelblich weiß, innen mit bräunlichrotem Grund; bilden sich in der Scheitelmitte

BLÜTEZEIT tagblühend, spätes Frühjahr

HERKUNFT Mexiko (Hidalgo)

PFLEGE gedeiht in handelsüblicher Kakteenerde; vollsonnig; Mindesttemperatur 10 °C

ECHINOMASTUS
UNGUISPINIS

Einzeln wachsender Kugelkaktus mit leicht abgeflachtem Scheitel. Der dunkel blaugrüne Pflanzenkörper hat auffällige Dornen und keine Rippen.

GRÖSSE 12 cm Höhe, 10 cm Durchmesser

AREOLEN groß, weißwollig, über die Oberfläche verteilt

DORNEN 25 weißliche Randdornen, bis zu 2 cm lang; 4–8 kräftigere, etwas längere, bräunliche Mitteldornen; die Randdornen sind mit denen der benachbarten Areolen verflochten und bedecken die gesamte Oberfläche

BLÜTEN glockig, etwa 2,5 cm Länge, 2 cm Durchmesser, dunkel rötlichbraun mit gelben Staubgefäßen; sie bilden sich aus der Scheitelmitte

BLÜTEZEIT tagblühend, Sommer

HERKUNFT Mexiko (Chihuahua, Zacatecas)

PFLEGE gedeiht in durchlässiger, leicht kalkhaltiger, aber nährstoffreicher Erde; vollsonnig; Mindesttemperatur 10 °C

ECHINOPSIS AUREA

Mehr oder weniger kugelförmiger Kaktus mit auffallenden Dornen und abgerundetem Scheitel. Der dunkelgrüne Pflanzenkörper hat 14–15 scharfkantige Rippen, die durch Querfurchen gegliedert sind. Jeder Trieb sproßt am Ansatz stark aus und bildet ausgedehnte Gruppen.

GRÖSSE 10 cm Höhe, 6–7 cm Durchmesser

AREOLEN bei Jungpflanzen hellbraun wollig, später kahl, sitzen im Abstand von 1 cm auf den Rippen

DORNEN 8–10 dünne, blaßbraune Randdornen, etwa 1 cm lang; bis zu 4 schwarzbraune Mitteldornen, bis 3 cm lang

BLÜTEN Länge ca. 9 cm, Durchmesser 8 cm, innen leuchtend gelb, außen dunkelorange; schlauchförmiger, grünlichweißer Blütenkelch, cremefarbene Staubgefäße; sie bilden sich seitlich am Trieb

BLÜTEZEIT tagblühend, Sommer

HERKUNFT Argentinien (Cordoba)

PFLEGE gedeiht in handelsüblicher Kakteenerde; vollsonnig; Mindesttemperatur 10 °C

✕EPICACTUS »SWEET ALIBI«
(ORCHIDEENKAKTUS)

Diese überaus faszinierende Züchtung hat aufrechte, breite, blattähnliche Triebe, die aus einer gemeinsamen Wurzel wachsen. Die Triebe sind an den Rändern gezackt.

GRÖSSE unterschiedlich

AREOLEN grauwollig, sitzen an den Rändern der Triebe

DORNEN keine

BLÜTEN trichterförmig, geöffnet 13–15 cm Durchmesser; schlanke, kirschrosafarbene Blütenblätter, die nach außen hin dunkler werden, cremefarbene Staubgefäße; sie bilden sich aus einigen Areolen

BLÜTEZEIT tagblühend, Frühjahr

HERKUNFT gezüchtet von M. Monmonier, Ventura Gardens, USA

PFLEGE gedeiht in handelsüblicher Kakteenerde in indirekter Sonne; Mindesttemperatur 10 °C

EPIPHYLLUM OXYPETALUM

Stark verzweigter Epiphyt mit zylindrischem Stamm und breiten, flachen, blattähnlichen Trieben, 10–12 cm breit. Die Frucht ähnelt einer Pflaume.
GRÖSSE bis zu 3 m Länge
AREOLEN kahl, selten borstig
DORNEN keine
BLÜTEN lang, gebogen, trichterförmig, 25–30 cm lang, 12 cm Durchmesser, weiße Blütenblätter
BLÜTEZEIT nachtblühend, Hochsommer
HERKUNFT Brasilien, Guatemala, Mexiko, Venezuela
PFLEGE gedeiht in durchlässiger, nährstoffreicher Erde im Schatten bei hoher Feuchtigkeit; Mindesttemperatur 13 °C

EPITHELANTHA MICROMERIS

Ungewöhnlicher Kugelkaktus, solitär oder gruppenbildend, mit abgerundetem, leicht konkavem und weißwolligem Scheitel. Der stämmige Pflanzenkörper ist dicht mit spiralförmig angeordneten Reihen kleiner Warzen bedeckt und fast völlig von kräftigen, dicht verflochtenen Dornen überzogen. Seitensprosse bilden sich meist an der Pflanzenbasis. Aus dem Blütengrund entstehen rote Beeren.
GRÖSSE 6 cm Höhe, 2,5–4 cm Durchmesser
AREOLEN klein, sitzen an den Spitzen der Warzen
DORNEN in Büscheln zu 20 Stück, weiß, gespreizt, bis 2 mm lang
BLÜTEN trichterförmig, Durchmesser etwa 1 cm, weiß oder blaß rosafarben mit dunklerem Blütengrund; bilden sich in Gruppen am Scheitel
BLÜTEZEIT tagblühend, Sommer
HERKUNFT Mexiko (Coahuila, Nuevo Léon), USA (Texas)
PFLEGE gedeiht in handelsüblicher Kakteenerde in voller Sonne; Mindesttemperatur 10 °C

ERIOCEREUS
JUSBERTII

Meist einzeln wachsender, schlanker,
wuchernder Kaktus. Die langgestreckten,
kantigen, dunkelgrünen Triebe sind
4—6 cm dick und haben 5—6 breite,
vortretende Rippen.

GRÖSSE unterschiedlich

AREOLEN gelbwollig, sitzen im Abstand von 2 cm auf
den Rippen

DORNEN 7 dunkelbraune Randdornen, 5 mm lang;
1—4 etwas längere, schwarze Mitteldornen

BLÜTEN weit gespreizt, bis zu 15 cm lang, Durchmesser
18—20 cm, innen reinweiß, außen bräunlichgrün; sie bilden
sich seitlich an den Trieben

BLÜTEZEIT nachtblühend, Sommer

HERKUNFT Argentinien, Paraguay

PFLEGE gedeiht in handelsüblicher Kakteenerde in
mäßiger Sonne; Mindesttemperatur 10 °C

ESCOBARIA CHAFFEYI

Einzeln oder in Gruppen wachsender, ovaler Kaktus mit feinen Dornen und abgerundetem Scheitel. Der dunkel olivgrüne Pflanzenkörper ist mit Warzen bedeckt.

GRÖSSE 12 cm Höhe, 5—6 cm Durchmesser

AREOLEN weißwollig, sitzen an den Spitzen der Warzen

DORNEN bis zu 20 borstige, weiße Randdornen, 6 mm
lang; bis zu 3 etwas kürzere Mitteldornen mit brauner
Spitze

BLÜTEN offen glockig, etwa 1,5 cm lang, Durchmesser
1 cm, gelblichweiß mit breiter rötlichbrauner Mitte; bilden
sich aus dem Scheitel

BLÜTEZEIT tagblühend, Sommer

HERKUNFT Mexiko (Cedros, Zacatecas)

PFLEGE gedeiht in handelsüblicher Kakteenerde; vollsonnig;
Mindesttemperatur 10 °C

ESCOBARIA MINIMA

Einzeln oder in Gruppen wachsender, mehr oder weniger ovaler Kaktus. Der dunkelgrüne Pflanzenkörper ist mit kegelförmigen Warzen von bis zu 2 cm Länge bedeckt, die durch kahle Furchen getrennt sind.

GRÖSSE 2,5 cm Höhe, 2 cm Durchmesser
AREOLEN sitzen an den Spitzen der Warzen
DORNEN leicht rosafarben, später grau; 13–15 Randdornen, 3 mm lang; 3 Mitteldornen, 6 mm lang
BLÜTEN weit gespreizt, etwa 2 cm lang, Durchmesser 1 cm, pink mit gelben Staubgefäßen; bilden sich aus dem Scheitel
BLÜTEZEIT tagblühend, Sommer
HERKUNFT USA (Texas)
PFLEGE gedeiht in handelsüblicher Kakteenerde im Halbschatten; Mindesttemperatur 10 °C

ESPOSTOA LANATA

Aufrechter Säulenkaktus, der sich im oberen Teil zu einer fast baumartigen Krone verzweigt. Die Triebe haben einen Durchmesser von 4–10 cm, einen abgerundeten Scheitel und 18–28 abgerundete Rippen. Bei jüngeren Pflanzenteilen ist der dunkelgrüne Pflanzenkörper fast völlig von seidigem weißem Haar bedeckt, das am Scheitel jedes Triebes deutlich dichter ist. Die große, beerenartige Frucht hat einen Durchmesser von 4–6 cm.

GRÖSSE 4 m Höhe, 15 cm Durchmesser
AREOLEN weiß, im Abstand von 5 mm versetzt zu den Areolen der benachbarten Rippen
DORNEN weiß oder blaßgelblich, oft auch rot und sehr kurz; Mitteldornen bis zu 8 cm lang, gerade nach außen weisend
BLÜTEN trichterförmig, 5–6 cm lang, weiß; bilden sich aus dem seitlich wachsenden Cephalium
BLÜTEZEIT nachtblühend, Sommer
HERKUNFT Nordperu
PFLEGE gedeiht in handelsüblicher Kakteenerde; vollsonnig; Mindesttemperatur 10 °C

FEROCACTUS
LATISPINUS

Mehr oder weniger kugeliger, lindgrüner Kaktus mit leicht abgeflachtem Scheitel und auffälliger Bedornung. Die 15–23 Rippen haben Querkerben, die den Eindruck erwecken, als seien sie von oben nach unten schichtweise angeordnet. Die rötliche Frucht ist etwa 4 cm lang.

GRÖSSE 25–40 cm Durchmesser

AREOLEN groß, grauwollig, sitzen im Abstand von etwa 4 cm auf den Rippen

DORNEN 6–12 dünne, blasse Randdornen, etwa 2,5 cm lang; 4 kräftigere, rötliche Mitteldornen, bis zu 3,5 cm lang, der untere ist jeweils abgeflacht, nach unten gebogen und am Ende hakenförmig

BLÜTEN trichterförmig, etwa 3,5 cm lang, weißlich, rötlich oder zartviolett; bilden sich aus dem Scheitel

BLÜTEZEIT tagblühend, Sommer

HERKUNFT Zentralmexiko

PFLEGE gedeiht in handelsüblicher Kakteenerde; vollsonnig; Mindesttemperatur 10 °C; anspruchslos und beliebt

FEROCACTUS STAINESII

Auffallend bedornter Kugelkaktus, später zylindrisch und gruppenbildend. Der Pflanzenkörper hat 15–20 Rippen von bis zu 4 cm Höhe.

GRÖSSE 3 m Höhe, 60 cm Durchmesser

AREOLEN sitzen im Abstand von 3–4 cm auf den Rippen

DORNEN rötlich; 6–8 Randdornen, bis zu 2 cm lang; 4 gebogene Mitteldornen, bis zu 4 cm lang

BLÜTEN glockig, 4 cm lang, orangerot; bilden sich aus dem Scheitel

BLÜTEZEIT tagblühend, Hochsommer

HERKUNFT Mexiko (San Luis Potosí)

PFLEGE gedeiht in handelsüblicher Kakteenerde; vollsonnig; Mindesttemperatur 10 °C

FEROCACTUS VIRIDESCENS

Leicht gestreckter Kugelkaktus, der meist am Ansatz aussproßt. Der schimmernd
dunkelgrüne Pflanzenkörper hat 13–21 Rippen und auffallende Dornen.
GRÖSSE 45 cm Höhe, 35 cm Durchmesser
AREOLEN kurz, weißwollig, sitzen auf den Rippen
DORNEN grünlichrot; 9–20 Randdornen, bis zu 2 cm lang; 4 Mitteldornen,
bis 4 cm lang
BLÜTEN 3–4 cm lang, gelblichgrün; sie bilden sich aus dem Scheitel
BLÜTEZEIT tagblühend, Sommer
HERKUNFT Mexiko (Baja)
PFLEGE gedeiht in handelsüblicher Kakteenerde; vollsonnig; Mindest-
temperatur 10 °C

FRAILEA ASTEROIDES

Recht zwergwüchsiger Kugelkaktus mit leicht konkavem
Scheitel. Der rötlichbraune Pflanzenkörper hat 10–15 leicht
vortretende Rippen, die von tiefen Furchen getrennt sind.
GRÖSSE 2,5 cm Durchmesser
AREOLEN klein, grauwollig, sitzen in dichten, perlschnurar-
tigen Reihen auf den Rippen
DORNEN 8 winzige, braune Randdornen
BLÜTEN offen glockig, etwa 3,5 cm Durchmesser, cremig-
gelb; sie bilden sich zahlreich aus dem Scheitel; der Blüten-
stand wird größer als die eigentliche Pflanze
BLÜTEZEIT tagblühend, Sommer, mehrere Blüten gleich-
zeitig
HERKUNFT Brasilien, Uruguay
PFLEGE gedeiht in leicht poröser, saurer Erde; vollsonnig;
Mindesttemperatur 13 °C

GYMNOCACTUS
SUBTERRANEUS

Leicht gestreckter Kugelkaktus, der aus einem warzigen Wurzelstock wächst.
Die Rippen des hellgrünen Pflanzenkörpers sind in vortretende Warzen gegliedert.
GRÖSSE 5 cm Höhe, 3 cm Durchmesser
AREOLEN weißwollig mit weißen Borsten, sitzen auf den Warzenspitzen
DORNEN etwa 16 weiße Randdornen, 6 mm lang; 2 dunkelgraue Mitteldornen,
etwa 2 cm lang
BLÜTEN trichterförmig, 3 cm Durchmesser, rosaviolett; sie bilden sich aus dem
Scheitel
BLÜTEZEIT tagblühend, Sommer
HERKUNFT Mexiko (Tamaulipas)
PFLEGE gedeiht in poröser, leicht kalkhaltiger, nährstoffreicher Erde; vollsonnig;
Mindesttemperatur 10 °C

GYMNOCALYCIUM
DENUDATUM

Einzeln wachsender Kugelkaktus mit konkaver Scheitel-
mitte. Der dunkelgrüne Pflanzenkörper hat 6–8 große, vor-
tretende Rippen, die von tiefen Furchen getrennt sind.
GRÖSSE 7–15 cm Durchmesser
AREOLEN grauwollig; in weitem Abstand in drei Paaren
pro Rippe
DORNEN 4–8, weißlich oder grau, 2 cm lang, flach auf
dem Pflanzenkörper liegend
BLÜTEN weit gespreizt, glockig, etwa 5 cm lang, 7 cm
Durchmesser, weiße Blütenblätter, cremefarbene Staub-
gefäße; sie bilden sich aus dem Scheitel
BLÜTEZEIT tagblühend, Hochsommer
HERKUNFT Argentinien, Brasilien, Uruguay
PFLEGE gedeiht in handelsüblicher Kakteenerde im Halb-
schatten; Mindesttemperatur 10 °C

GYMNOCALYCIUM MIHANOVICHII

Einzeln wachsender Kugelkaktus, dessen grauer oder rötlichgrüner Pflanzenkörper meist 8 Rippen mit leichten Querstreifen hat.

GRÖSSE 6 cm Durchmesser
AREOLEN mit weißem Wollball bedeckt, sitzen auf den Schnittpunkten der Querstreifen mit den Rippen
DORNEN 4–6 bräunliche Randdornen, 1 cm lang
BLÜTEN weit gespreizt, etwa 5 cm Durchmesser, zart rosafarben; sie bilden sich am Ende eines schlauchförmigen Blütenkelches, der in Scheitelnähe entspringt
BLÜTEZEIT tagblühend, Frühsommer
HERKUNFT Paraguay (Bahía Negra)
PFLEGE gedeiht in handelsüblicher Kakteenerde im Halbschatten; Mindesttemperatur 10 °C

GYMNOCALYCIUM SPEGAZZINII

Sehr beliebter, einzeln wachsender Kugelkaktus. Der bläulich- oder graugrüne bis bräunliche Pflanzenkörper hat 10–15 Rippen.

GRÖSSE 18 cm Durchmesser
AREOLEN gelblichgrau, sitzen auf den Rippen
DORNEN rötlichbraun bis grau, 5–7 leicht gebogene Randdornen, bis zu 5,5 cm lang; gelegentlich 1 Mitteldorn
BLÜTEN trichterförmig, 6–7 cm lang, weiß oder blaßrosa mit rötlichem Grund; bilden sich um den Scheitel
BLÜTEZEIT tagblühend, Hochsommer
HERKUNFT Argentinien (Salta)
PFLEGE gedeiht in handelsüblicher Kakteenerde in leichtem Schatten; Mindesttemperatur 10 °C

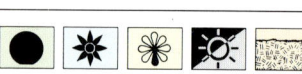

HAAGEOCEREUS
VERSICOLOR

Dicht bedornter Säulenkaktus, eine typische Wüstenspezies.
Der dunkelgrüne Pflanzenkörper mit einem Durchmesser
von 5–6 cm hat 16–22 Rippen.

GRÖSSE 1–2 m Höhe, 5–6 cm Durchmesser
AREOLEN rund, braun, sitzen auf den Rippen
DORNEN rötlich, braun oder gelblich; 20–30 Randdornen,
etwa 5 mm lang; 1–2 Mitteldornen, bis zu 4 cm lang
BLÜTEN etwa 8 cm lang, Durchmesser in geöffnetem
Zustand 6 cm, innen weiß, außen grün; sie bilden sich in
Scheitelnähe
BLÜTEZEIT nachtblühend, Sommer
HERKUNFT Nordperu
PFLEGE gedeiht in nährstoffreicher, mineralischer Erde; voll-
sonnig; Mindesttemperatur 13 °C

HATIORA EPIPHYLLOIDES

Ein seltener, erlesener Epiphytkaktus mit mehr oder weniger trichterförmigen,
hängenden Trieben. Diese sind hellgrün und setzen sich aus Einzelsegmenten von
bis zu 2,5 cm Länge und 1 cm Durchmesser zusammen.

GRÖSSE unterschiedlich
AREOLEN winzig
DORNEN keine
BLÜTEN etwa 1 cm lang, gelblich
BLÜTEZEIT tagblühend, Frühjahr
HERKUNFT Brasilien (Rio de Janeiro, São Paulo)
PFLEGE gedeiht in handelsüblicher Kakteenerde im Halbschatten; Mindesttempe-
ratur 13 °C. Schwierig zu ziehen; gedeiht am besten, wenn man ihn auf eine
robuste Unterlage pfropft

HILDEWINTERA AUREISPINA

Stark verzweigter, wuchernder und aufsteigender Säulenkaktus mit dichter Bedornung. Der grüne Pflanzenkörper mit einem Durchmesser von 2,5 cm wird bis 1,5 m lang und hat 16—17 Rippen.

GRÖSSE unterschiedlich

AREOLEN sitzen auf den Rippen

DORNEN 50, gelb, 0,4—1 cm lang

BLÜTEN weit gespreizt, 4—6 cm lang, 5 cm Durchmesser, verschiedene Farben mit einem rötlichen Streifen in der Mitte der schmalen Blütenblätter; bilden sich seitlich an den Trieben

BLÜTEZEIT tagblühend, Sommer

HERKUNFT Bolivien

PFLEGE gedeiht in handelsüblicher Kakteenerde; vollsonnig; mindestens 10 °C

HOMALOCEPHALA TEXENSIS

Einzeln wachsender Kugelkaktus mit leicht abgeflachtem Scheitel, der in der Mitte unregelmäßig geformt und dicht cremewollig ist. Der graugrüne Pflanzenkörper hat 13—27 vortretende Rippen und auffallende Dornen. Die runde Frucht ist rot.

GRÖSSE 10—15 cm Höhe, 20—30 cm Durchmesser

AREOLEN groß, cremewollig, 2—7 pro Rippe, in weitem Abstand

DORNEN 6—7 Randdornen, bis zu 2 cm lang, anfangs rosa, später gelblich; 1 ähnlicher, kräftiger Mitteldorn, 6 cm und länger

BLÜTEN glockig, Durchmesser und Länge 5—6 cm, schuppig; Blütenblätter blaß rosarot mit seidigem Glanz, zum Grund hin heller werdend; äußere Blütenblätter mit dorniger Spitze; bilden sich aus dem Scheitel

BLÜTEZEIT tagblühend, Sommer

HERKUNFT USA (New Mexiko, Texas), Nordmexiko

PFLEGE gedeiht in gut durchlässiger, nährstoffreicher, mineralischer Erde; vollsonnig; Mindesttemperatur 10 °C

HYLOCEREUS CALCARATUS

Großer, kletternder, halb epiphytischer Kaktus mit langgestreckten, dreieckigen, hellgrünen Trieben von 4–6 cm Durchmesser. Die Ränder der Rippen haben ausgeprägte rundliche Ausbuchtungen.

GRÖSSE unterschiedlich

AREOLEN klein, mit einer oder mehreren weißen Borsten, sitzen unmittelbar übereinander auf den Ausbuchtungen der Rippen

DORNEN keine

BLÜTEN kelchförmig, Durchmesser etwa 18 cm, innen weiß oder cremefarben, außen grünlichweiß

BLÜTEZEIT nachtblühend, Hochsommer

HERKUNFT Costa Rica

PFLEGE gedeiht in nährstoffreicher, saurer Erde; halbschattig; mindestens 15 °C

LEPISMIUM CRUCIFORME

Hängender Kaktus, dessen dreieckige, grüne Triebe von 30–60 cm Länge und 2 cm Durchmesser an den rötlichen Rändern deutliche Kerben haben.

GRÖSSE unterschiedlich

AREOLEN weiß, pro Kerbe sitzt eine an den Rändern der Triebe

DORNEN keine

BLÜTEN einzeln wachsend, 1–1,5 cm lang, weißlich; bilden sich in den Kerben

BLÜTEZEIT tagblühend, Frühjahr

HERKUNFT Argentinien, Brasilien, Paraguay

PFLEGE gedeiht in handelsüblicher Kakteenerde im Schatten; Mindesttemperatur 13 °C

LOBIVIA SILVESTRII

Zwergwüchsiger Kugelkaktus, stark verzweigt und aussprossend. Jeder der blaßgrünen Triebe hat 7–10 flache Rippen.
GRÖSSE 15 cm Länge, 1–2,5 cm Durchmesser
AREOLEN weiß- bis cremewollig, sitzen in dichten Reihen auf den Rippen
DORNEN 10–15, borstig, weißlich
BLÜTEN 5 cm lang, Durchmesser bis zu 10 cm, leuchtend scharlachrot; bilden sich an schlauchförmigen, schuppigen, behaarten Blütenkelchen aus dem Scheitel
BLÜTEZEIT tagblühend, Sommer
HERKUNFT Argentinien (Tucumán)
PFLEGE gedeiht in handelsüblicher Kakteenerde im Halbschatten; Mindesttemperatur 7 °C; verkraftet bei Trockenheit und an einem hellen Standort auch niedrigere Temperaturen

LOPHOCEREUS SCHOTTII

Aufrechter oder wuchernder Säulenkaktus, am Ansatz aussprossend. Die mattgrünen Triebe von 6 cm Dicke haben 4–12 Rippen und am Ende ein Pseudocephalium.
GRÖSSE 1–5 m Höhe
AREOLEN groß, wollig, sitzen im Abstand von 1 cm auf den Rippen
DORNEN 4–7, schwärzlich, 1 cm lang
BLÜTEN 3–4 cm lang, innen rot, außen grün; bilden sich aus dem Pseudocephalium
BLÜTEZEIT nachtblühend, Sommer
HERKUNFT Mexiko (Baja, Sonora)
PFLEGE gedeiht in kalkhaltiger Erde im Halbschatten; Mindesttemperatur 10 °C

LOPHOPHORA WILLIAMSII

Oben abgeflachter Kugelkaktus, dessen konkaver Scheitel mit cremefarbenen Haarbüscheln gefüllt ist. Seitensprosse aus der großen Pfahlwurzel bilden dichte Gruppen. Der bläulichgrüne Pflanzenkörper hat 7–10 flache Rippen, die andeutungsweise in Warzen untergliedert sind. Die Pflanze enthält narkotische Substanzen.

GRÖSSE 5–8 cm Durchmesser

AREOLEN mit cremefarbenen Haarbüscheln bedeckt, sitzen in der Mitte jeder Warze

DORNEN keine

BLÜTEN trichterförmig, 1,2–1,5 cm Durchmesser, rosa oder weiß; bilden sich aus der Scheitelmitte

BLÜTEZEIT tagblühend, Sommer

HERKUNFT (Nord-)Mexiko, USA (Texas)

PFLEGE gedeiht in leicht kalkhaltiger Erde; vollsonnig; Mindesttemperatur 7 °C

LOXANTHOCEREUS GRANDITESSELLATUS

Aufsteigender Kaktus mit langem, festem, zylindrischem Trieb von etwa 5 cm Durchmesser. Der leuchtend grüne Stamm hat 6–7 eingekerbte Rippen. Er wird vermutlich neu klassifiziert und der Familie *Cleistocactus* zugeordnet.

GRÖSSE 2 m Länge

AREOLEN rund, weißwollig, sitzen zwischen den Kerben auf den Rippen

DORNEN purpurbräunlich, 6–8 Randdornen, bis zu 1 cm lang; 1 oder selten 2 Mitteldornen, bis zu 5 cm lang

BLÜTEN leicht trichterförmig, 5–6 cm lang, rot; bilden sich in Scheitelnähe

BLÜTEZEIT tagblühend, Sommer

HERKUNFT Zentralperu

PFLEGE gedeiht in handelsüblicher Kakteenerde; vollsonnig; Mindesttemperatur 13 °C

MAIHUENIOPSIS
GLOMERATA

Stämmiger, gegliederter, mattgrüner Kaktus. Jedes Segment ist 2–3,5 cm lang

GRÖSSE 10 cm Höhe
AREOLEN weiß mit tiefsitzenden Glochiden; sitzen auf Verdickungen des Pflanzenkörpers
DORNEN 1–3, flach, etwa 3 mm breit, bilden sich aus den oberen Areolen
BLÜTEN 3–3,5 cm Durchmesser, weißlich
BLÜTEZEIT tagblühend, Sommer
HERKUNFT Argentinien
PFLEGE gedeiht in nährstoffreicher, mineralischer Erde; vollsonnig; Mindesttemperatur 10 °C

MAMMILLARIA
CHIONOCEPHALA

Einzeln wachsender, fein bedornter Kugelkaktus, später gruppenbildend. Der bläulichgrüne Pflanzenkörper hat vierseitige Warzen mit dick weißwolligen Axillen.

GRÖSSE 12 cm Durchmesser
AREOLEN am Scheitel bedornt, im unteren Bereich unterschiedlich
DORNEN 22–24 weiße Randdornen, bis zu 8 mm lang; 2–6 weiße oder bräunliche Mitteldornen mit schwarzer, hakenförmiger Spitze, bis zu 6 mm lang
BLÜTEN weiß bis blaß rosafarben mit rötlichem Mittelstreifen auf den Blütenblättern; bilden sich aus dem Scheitel
BLÜTEZEIT tagblühend, Sommer
HERKUNFT Mexiko (Coahuila, Durango)
PFLEGE gedeiht in handelsüblicher Kakteenerde; vollsonnig; Mindesttemperatur 10 °C

MAMMILLARIA COMPRESSA

Kugeliger bis säulenförmiger Kaktus mit abgerundetem, leicht konkavem Scheitel. Eine variable Spezies, die leicht aussproßt und große Gruppen bildet. Jeder blaugrüne Trieb hat einen Durchmesser von etwa 8 cm und vortretende, kurze, untersetzte Warzen, die nicht ganz abgerundet sind und borstige, weißwollige Axillen haben. Die längliche Frucht ist rot.

GRÖSSE 10 cm Höhe, 20 cm Durchmesser
AREOLEN weißwollig bei Jungpflanzen, später kahl; sitzen auf den Warzen
DORNEN 2–6 weiße oder blaß bräunliche Randdornen, 2–7 mm lang
BLÜTEN glockig, Durchmesser und Länge bis zu 1,5 cm, dunkel purpurrot
BLÜTEZEIT tagblühend, Sommer
HERKUNFT Mexiko (Queretaro, San Luis Potosi)
PFLEGE gedeiht in handelsüblicher Kakteenerde; vollsonnig; Mindesttemperatur 10 °C

MAMMILLARIA ELONGATA

Sehr variabler, dichte Gruppen bildender Kaktus mit aufrechten und kriechenden zylindrischen Trieben von je 1–3 cm Dicke und 6–15 cm Länge. Die verschiedenfarbigen Dornformationen bieten einen leuchtend bunten Anblick. Die kleinen, kegelförmigen Warzen sind am Ansatz gelblich bewollt.

GRÖSSE unterschiedlich
AREOLEN gelblichwollig
DORNEN 20 kurze Randdornen, gelb bis braun, oft mit andersfarbiger Spitze; die Dornen benachbarter Areolen sind dicht miteinander verflochten und bedecken den gesamten Pflanzenkörper; bis zu 3 Mitteldornen, 9 mm lang, fehlen aber oft
BLÜTEN trichterförmig, etwa 1,5 cm lang, gelblich
BLÜTEZEIT tagblühend, Frühling bis Sommer
HERKUNFT Mexiko (Hidalgo, Queretaro)
PFLEGE gedeiht in handelsüblicher Kakteenerde; vollsonnig; Mindesttemperatur 10 °C

MAMMILLARIA MICROCARPA

Dicht bedornter Säulenkaktus, der meist polsterartige Gruppen bildet. Der blaßgrüne Pflanzenkörper hat kleine, kegelförmige Warzen mit kahlen Axillen.

GRÖSSE 15 cm Höhe, 3,5–4,4 cm Durchmesser

AREOLEN sitzen auf den Warzen

DORNEN 18–30 weißliche Randdornen, bis 1,2 cm lang, mit den Dornen benachbarter Areolen verflochten; sie bedecken den gesamten Pflanzenkörper; 1–3 rötlichbraune, fast schwarze Mitteldornen, von denen der unterste eine hakenförmige Spitze hat

BLÜTEN glockig, 2,5 cm lang, Durchmesser 2,8 cm, zartrosa; bilden sich um den Scheitel

BLÜTEZEIT tagblühend, Sommer

HERKUNFT Mexiko (Chihuahua, Sonora), USA (Arizona)

PFLEGE gedeiht in handelsüblicher Kakteenerde mit etwas Kalk; vollsonnig; Mindesttemperatur 10 °C

MATUCANA MADISONIORUM

Kugeliger bis säulenförmiger Kaktus mit abgerundetem, leicht konkavem Scheitel. Der grau- bis lindgrüne Pflanzenkörper hat 7–12 Rippen, die durch tiefe Querfurchen fast wie in Warzen gegliedert wirken. Ältere Pflanzen bringen kugelige Früchte mit schwarzbraunen Samen hervor.

GRÖSSE 10 cm Höhe, 8 cm Durchmesser

AREOLEN grauweißwollig, etwa 3 mm, sitzen im Warzenscheitel, von dem »Adern« ausgehen

DORNEN nur in Scheitelnähe 1 nadelartiger brauner Mitteldorn, etwa 3 cm lang

BLÜTEN weit gespreizt, Durchmesser etwa 5 cm, pinkorange mit gelben Staubgefäßen; sie bilden sich am Ende eines behaarten, schlauchartigen Blütenkelches von 10 cm Länge, der aus der Scheitelmitte wächst

BLÜTEZEIT tagblühend, Sommer

HERKUNFT Peru (Amazonas)

PFLEGE gedeiht in handelsüblicher Kakteenerde im Halbschatten; Mindesttemperatur 18 °C

MELOCACTUS MATANZANUS

Kugelkaktus mit blaß gelblichgrünem Pflanzenkörper und 8–10 stark vortretenden Rippen. Im oberen Teil bilden sich oft Nebenrippen. Das auffällige Cephalium mit dunkel orangefarbenen bis rötlichbraunen Borsten erreicht eine Höhe von 9 cm und einen Durchmesser von 5–6 cm.

GRÖSSE 9 cm Durchmesser

AREOLEN weißwollig, sitzen auf der Scheitellinie jeder Rippe

DORNEN grauweiß, 7–8 kräftige, gebogene Randdornen, 1–1,5 cm lang; 1 etwas längerer Mitteldorn, bis zu 2 cm lang

BLÜTEN weit gespreizt, etwa 9 cm lang, 6 cm Durchmesser, pink mit gelben Staubgefäßen; sie bilden sich aus dem Cephalium

BLÜTEZEIT tagblühend (nachmittags), Sommer

HERKUNFT Kuba

PFLEGE gedeiht in handelsüblicher Kakteenerde; vollsonnig; Mindesttemperatur 16 °C

MITROCEREUS RUFICEPS

Hoher, robuster, baumartiger Säulenkaktus, dessen etwa 40 cm dicker Stamm sich stark verzweigt. Jeder Trieb hat etwa 26 Rippen.

GRÖSSE 15 m Höhe

AREOLEN sitzen auf den Rippen

DORNEN 8–10 rötliche Randdornen, etwa 1 cm lang; 1–3 Mitteldornen, 4–5 cm lang; alle färben sich später grau

BLÜTEN glockig, etwa 5 cm lang, rosaweiß; bilden sich an den Triebspitzen

BLÜTEZEIT nachtblühend, Sommer

HERKUNFT Mexiko (Puebla, Tehuacán)

PFLEGE gedeiht in handelsüblicher Kakteenerde; vollsonnig; Mindesttemperatur 13 °C

MONVILLEA CAMPINENSIS

Hoher, schlanker, halb aufrechter Säulenkaktus mit bläulichgrünen Trieben von etwa 6 cm Durchmesser mit jeweils 7–9 Rippen.

GRÖSSE 5 m Höhe
AREOLEN grauwollig, sitzen auf den Rippen
DORNEN 7–11, grau, bis 1,5 cm lang
BLÜTEN tellerförmig, etwa 10 cm lang, 6 cm Durchmesser, grünlichweiß; bilden sich an den Triebenden
BLÜTEZEIT nachtblühend, Sommer
HERKUNFT Brasilien (São Paulo)
PFLEGE gedeiht in handelsüblicher Kakteenerde im Halbschatten; Mindesttemperatur 10 °C; im Sommer reichlich wässern

MYRTILLOCACTUS GEOMETRIZANS

Baumartig verzweigter Säulenkaktus mit abgerundetem Scheitel und stark nach oben gekrümmten Trieben. Als Kulturpflanze wächst er wesentlich kleiner und verzweigt sich bereits am Ansatz. Die gelblichgrünen Triebe haben 5 oder 6 kantige Rippen, die durch tiefe, an manchen Stellen staubig blau wirkende Furchen getrennt sind. Die pastellblaue, runde Frucht von etwa 7 mm Durchmesser ist manchmal grün gesprenkelt.

GRÖSSE 4 m Höhe
AREOLEN groß, geringfügig grauwollig, sitzen in weitem Abstand auf den Rippen
DORNEN braune Randdornen, 4 mm lang; 1 abgeflachter Mitteldorn, 2,5–6 cm lang
BLÜTEN trichterförmig, Durchmesser etwa 3 cm, weißlich bis grünlich; bilden sich manchmal zu mehreren aus den oberen Areolen
BLÜTEZEIT tagblühend, Frühsommer
HERKUNFT Zentralmexiko bis Guatemala
PFLEGE gedeiht in handelsüblicher Kakteenerde; vollsonnig; Mindesttemperatur 10 °C

NEOBINGHAMIA
CLIMAXANTHA

Aufrechter Säulenkaktus mit hellgrünem Pflanzenkörper von 6–8 cm Durchmesser mit 19–27 Rippen und weißwolligem Pseudocephalium.
GRÖSSE 1 m Höhe
AREOLEN bräunlich, sitzen auf den Rippen
DORNEN 50–70 feine, borstige, gelblichbraune Randdornen, 5–8 mm lang; 1–3 Mitteldornen, bis zu 2 cm lang
BLÜTEN trichterförmig, 3–4 cm lang, innen weiß, außen rosa; bilden sich aus dem Pseudocephalium
BLÜTEZEIT nachtblühend, Sommer
HERKUNFT Peru (Eulalia)
PFLEGE gedeiht in handelsüblicher Kakteenerde; vollsonnig; Mindesttemperatur 13 °C

NEOBUXBAUMIA TETETZO

Hoher, aufrechter, baumartiger Säulenkaktus. Der graugrüne Pflanzenkörper, Durchmesser 30 cm, hat 13–20 leicht abgerundete Rippen, die durch tiefe Furchen getrennt sind.
GRÖSSE 15 m Höhe
AREOLEN rund, bräunlich, sitzen in regelmäßigen Abständen auf den Rippen
DORNEN schwarz, 8–13 Randdornen, bis zu 1,5 cm lang; 1 Mitteldorn, etwa 5 cm lang
BLÜTEN etwa 6 cm lang, weißlich; bilden sich in Scheitelnähe
BLÜTEZEIT nachtblühend, Sommer
HERKUNFT Mexiko (Pueblo bis Oaxaca)
PFLEGE gedeiht in handelsüblicher Kakteenerde; vollsonnig; Mindesttemperatur 13 °C

NEODAWSONIA APICICEPHALIUM

Eindrucksvoller, baumartiger Säulenkaktus, der am Ansatz zu kleinen Gruppen aussproßt. Der bläulichgrüne Pflanzenkörper hat 20–30 Rippen und am Scheitel ein kleines Cephalium, das dicht mit grauweißer oder cremiggelber Wolle behaart ist.

GRÖSSE 1–3 m Höhe
AREOLEN oval, grauweißwollig, sitzen auf den Rippen
DORNEN fein, borstig, grauweiß; 9–12 Randdornen, 2–3 cm lang; 2–6 Mitteldornen, 2–4 cm lang
BLÜTEN glockig, 5–6 cm lang, 3 cm Durchmesser, rosarot mit gelber Tuschung und zahlreichen gelben Staubgefäßen; bilden sich aus dem Cephalium
BLÜTEZEIT nachtblühend, Sommer
HERKUNFT Mexiko (Oaxaca)
PFLEGE gedeiht in handelsüblicher Kakteenerde; vollsonnig; Mindesttemperatur 13 °C

NEOLLOYDIA CONOIDEA

Kugeliger bis säulenförmiger Kaktus mit kurzen, geraden Dornen. Der graugrüne Pflanzenkörper hat ovale Warzen mit wolligen Axillen.

GRÖSSE 7–10 cm Höhe, 7 cm Durchmesser
AREOLEN sitzen auf den Warzenspitzen
DORNEN weiß bis grauschwarz; 16 Randdornen, bis zu 1 cm lang; 3–5 Mitteldornen, bis zu 3 cm lang
BLÜTEN Durchmesser etwa 6 cm, rötlichviolett; bilden sich aus dem Scheitel
BLÜTEZEIT tagblühend, Sommer
HERKUNFT USA (Texas)
PFLEGE gedeiht in poröser, nährstoffreicher, mineralischer Erde; vollsonnig; Mindesttemperatur 10 °C

NEOPORTERIA SETIFLORA

Kugelkaktus mit kurzen, geraden Dornen. Der bläulichgrüne Pflanzenkörper hat etwa 15 Rippen.

GRÖSSE bis 1,5 m Höhe
AREOLEN groß, braunweißwollig, sitzen auf den Rippen
DORNEN 8–10 rötlichgraue Randdornen; etwa 4 Mitteldornen, bis zu 2,5 cm lang
BLÜTEN weit gespreizt, 3 cm lang, blaßgelb, oft mit einem Hauch Orange; bilden sich aus dem Scheitel
BLÜTEZEIT tagblühend, Spätsommer
HERKUNFT Argentinien (Mendoza)
PFLEGE gedeiht in handelsüblicher Kakteenerde im Halbschatten; Mindesttemperatur 10 °C

NEORAIMONDIA ROSEIFLORA

Buschiger Säulenkaktus mit dickem, graugrünem Pflanzenkörper, dessen 5 Rippen in vortretende Warzen gegliedert sind.

GRÖSSE 2 m Höhe
AREOLEN groß mit Büscheln bräunlicher Borsten; sitzen auf den Warzenspitzen
DORNEN grauweiß, 10 cm und länger
BLÜTEN trichterförmig, einschließlich des braunwolligen Blütenkelchs 4–5 cm lang; rosarot mit purpurfarbenem Mittelstreifen und zahlreichen überstehenden Staubgefäßen; bilden sich in Scheitelnähe
BLÜTEZEIT tagblühend, Sommer
HERKUNFT Peru (Chosica)
PFLEGE gedeiht in handelsüblicher Kakteenerde; vollsonnig; Mindesttemperatur 13 °C

NEOWERDERMANNIA VORWERKII

Kugelkaktus mit dunkel graugrünem Pflanzenkörper, dessen 16 und mehr Rippen in Warzen gegliedert sind.

GRÖSSE 6–8 cm Durchmesser
AREOLEN grauweißwollig, sitzen in Vertiefungen zwischen den Warzen
DORNEN 10 bräunliche Randdornen, bis zu 1,5 cm lang; 1 oft hakenförmig gebogener Mitteldorn
BLÜTEN weit gespreizt, 2–2,5 cm Länge und Durchmesser, weiß oder blaßlila; bilden sich aus dem Scheitel
BLÜTEZEIT tagblühend, Sommer
HERKUNFT Nordargentinien, Nordbolivien
PFLEGE gedeiht in nährstoffreicher, mineralischer Erde; vollsonnig; Mindesttemperatur 7 °C; im Winter trocken halten

NOPALXOCHIA PHYLLANTHOIDES

Schlanker, stark verzweigter Epiphytkaktus. Die weichen, leuchtend grünen, bandartigen Triebe werden 30–45 cm lang und haben gekerbte Ränder.

GRÖSSE unterschiedlich
AREOLEN sehr klein, bräunlich, sitzen auf den Rändern der Triebe
DORNEN keine
BLÜTEN 7–9 cm lang, auf einem 2 cm langen Blütenkelch, verschiedene Pinktöne; bilden sich an den Triebrändern
BLÜTEZEIT tagblühend, Spätfrühling bis Frühsommer
HERKUNFT Mexiko (Puebla)
PFLEGE gedeiht in handelsüblicher Kakteenerde in mäßiger Sonne; Mindesttemperatur 10 °C; behutsam wässern

NOTOCACTUS POLYACANTHUS

Stark aussprossender Kugelkaktus mit wolligem Schopf. Der dunkelgrüne Pflanzenkörper hat 17 gekerbte Rippen.

GRÖSSE 10 cm Durchmesser
AREOLEN weiß, sitzen im Abstand von 1 cm auf den Rippen
DORNEN 6–8 weißliche Randdornen, bis 1 cm lang; meist 1 längerer Mitteldorn
BLÜTEN 1,5–2 cm Durchmesser, kanariengelb mit auffallend rötlichen Narbenstrahlen; bilden sich zu mehreren aus dem Scheitel
BLÜTEZEIT tagblühend, Frühsommer
HERKUNFT Südbrasilien
PFLEGE gedeiht in handelsüblicher Kakteenerde; vollsonnig; Mindesttemperatur 10 °C

OBREGONIA DENEGREI

Kugelkaktus mit kräftiger Pfahlwurzel. Die Scheitelmitte ist weißwollig. Der Pflanzenkörper ist mit flachen, blattartigen, grau- oder bräunlichgrünen Warzen bedeckt, die spiralförmig angeordnet, 1,5 cm lang und am Ansatz 2,5 cm breit sind.

GRÖSSE 8–12 cm Durchmesser
AREOLEN klein, rund, weißwollig, sitzen auf den Warzen-spitzen
DORNEN 4, stark gebogen, grünlich, fallen bei der ausge-wachsenen Pflanze ab
BLÜTEN weit gespreizt, 2–4 cm Durchmesser, weiß oder zart rosafarben mit schuppigem Äußeren; bilden sich aus der Scheitelmitte
BLÜTEZEIT tagblühend, Sommer
HERKUNFT Mexiko (Tamaulipas)
PFLEGE gedeiht in handelsüblicher Kakteenerde; vollsonnig; Mindesttemperatur 10 °C

OPUNTIA BASILARIS

Buschiger Gliederkaktus, dessen ovale, bläulich- oder rötlichgrüne Segmente 10–20 cm lang sind und samtig wirken.
GRÖSSE unterschiedlich
AREOLEN bräunlich mit rötlichbraunen Borsten, über die Segmente verteilt
DORNEN manchmal 1 kurzer Dorn
BLÜTEN weit gespreizt, 6–8 cm Länge und Durchmesser, rötlich purpurfarben; bilden sich an den Rändern der Segmente
BLÜTEZEIT tagblühend, Frühsommer
HERKUNFT Nordmexiko, USA (Arizona, Nevada)
PFLEGE gedeiht in poröser, nährstoffreicher, mineralischer Erde; vollsonnig; Mindesttemperatur 7 °C

OPUNTIA ERECTOCLADA

Manchmal kriechender Säulenkaktus, der zu dichten Gruppen aussprößt. Die dunkelgrünen Triebsegmente sind etwa 5 cm lang, 4 cm dick, schmal, länglich und flach.
GRÖSSE unterschiedlich
AREOLEN mit rötlichbraunen Borsten, sitzen auf dem Scheitel der Segmentränder
DORNEN 2–4 rotbraune Randdornen, 1 cm lang
BLÜTEN weit gespreizt, Durchmesser ca. 4 cm, leuchtend orange; bilden sich aus dem Scheitel
BLÜTEZEIT tagblühend, Sommer
HERKUNFT Argentinien
PFLEGE gedeiht in handelsüblicher Kakteenerde im Halbschatten; Mindesttemperatur 10 °C

OPUNTIA FALCATA

Baumartiger Kaktus mit schimmernd dunkelgrünen Triebsegmenten von bis zu 35 cm Länge und 9 cm Breite. Die abgeflachten Oberflächen der Segmente sind mit Höckern überzogen, deren Funktion noch unklar ist.

GRÖSSE 1,5 m Höhe

AREOLEN weißlich, auf der Oberfläche der Segmente

DORNEN 2–8, lang, nadelartig, rauh, blaßbräunlich oder gelblich, 1 cm und länger

BLÜTEN weit gespreizt, 3–5 cm Durchmesser, rötlich; bilden sich an den Segmenträndern

BLÜTEZEIT tagblühend, Sommer

HERKUNFT Haïti

PFLEGE gedeiht in handelsüblicher Kakteenerde im Halbschatten; Mindesttemperatur 13 °C

OREOCEREUS CELSIANUS

Aufrechter Säulenkaktus mit abgerundetem Scheitel, sproßt am Ansatz zu kleinen Gruppen aus. Der hell blaugrüne Pflanzenkörper von 2 m Höhe und 8–12 cm Durchmesser hat 10–18 abgerundete Rippen, die an den Areolen verdickt sind.

GRÖSSE unterschiedlich

AREOLEN groß, weißwollig mit Büscheln seidiger Haare, sitzen im Abstand von 1,5 cm auf den Rippen

DORNEN 9 kräftige, kegelförmige Randdornen, 2 cm lang; bis zu 4 kräftigere, rotbraune Mitteldornen, bis zu 7 cm lang

BLÜTEN trichterförmig, 7–9 cm lang, dunkelpink, an einem behaarten Kelch; bilden sich in Scheitelnähe

BLÜTEZEIT tagblühend, Sommer

HERKUNFT Argentinien, Bolivien

PFLEGE gedeiht in handelsüblicher Kakteenerde; vollsonnig; Mindesttemperatur 10 °C

OROYA PERUVIANA

Abgeflachter Kugelkaktus; der bläulichgrüne Pflanzenkörper hat 12–13 abgerundete Rippen, die durch Kerben in längliche Warzen gegliedert sind.

GRÖSSE 10 cm Höhe, 15 cm Durchmesser
AREOLEN länglich, fast 1 cm lang, sitzen auf den Warzen
DORNEN gelblichbraun; kammartig angeordnete Randdornen, etwa 1 cm lang; bis zu 6 Mitteldornen, 3 cm lang
BLÜTEN glockig, etwa 2,5 cm lang, innen blaß rosafarben mit gelblichem Grund, außen rötlich; bilden sich aus den Areolen in Scheitelnähe
BLÜTEZEIT tagblühend, Sommer
HERKUNFT Zentralperu
PFLEGE gedeiht in handelsüblicher Kakteenerde; vollsonnig; Mindesttemperatur 13 °C

PACHYCEREUS
WEBERI

Riesiger, baumartiger Säulenkaktus, der sich weit über dem Ansatz stark verzweigt und oft in kleinen Gruppen zu finden ist. Die aufrechten, fast bläulichgrünen Triebe sind 10 cm und dicker und haben 8–10 vortretende Rippen.

GRÖSSE 3 m Höhe
AREOLEN langgestreckt, braunwollig, sitzen im Abstand von 3–5 cm auf den Rippen
DORNEN grau bis schwarz; 7–9 Randdornen, 1 cm lang; 1 flacher Mitteldorn, bis zu 10 cm lang
BLÜTEN trichterförmig, bis zu 10 cm lang, pink; bilden sich aus dem Scheitel
BLÜTEZEIT tagblühend, Hochsommer
HERKUNFT Mexiko (Oaxaca, Puebla)
PFLEGE gedeiht in handelsüblicher Kakteenerde; vollsonnig; Mindesttemperatur 13 °C

PARODIA CLAVICEPS

Keulenförmiger, mehr oder weniger zylindrischer Kaktus, dessen dunkelgrüner Pflanzenkörper etwa 26 Rippen hat.

GRÖSSE 50 cm Höhe, 12 cm Durchmesser
AREOLEN weißlich, sitzen auf den Rippen
DORNEN hängend, weich, gelblich, bis 1 cm lang
BLÜTEN weit gespreizt, 4–5 cm Durchmesser, schwefelgelb; bilden sich einzeln aus der Scheitelmitte
BLÜTEZEIT tagblühend, Hochsommer
HERKUNFT Brasilien, Paraguay
PFLEGE gedeiht in handelsüblicher Kakteenerde; vollsonnig; Mindesttemperatur 10 °C

PARODIA MUTABILIS

Graugrüner Kugelkaktus mit weißwolligem Schopf und spiralförmig angeordneten Rippen.

GRÖSSE 8 cm Durchmesser
AREOLEN weißwollig, sitzen auf den Rippen
DORNEN 50 weißliche Randdornen; meist 4 Mitteldornen, bis zu 1,2 cm lang
BLÜTEN trichterförmig, in voll geöffnetem Zustand 3,5 cm Durchmesser, leuchtend goldgelb; bilden sich in Gruppen aus dem Scheitel
BLÜTEZEIT tagblühend, Sommer
HERKUNFT Argentinien (Salta), in großen Höhen
PFLEGE gedeiht in handelsüblicher Kakteenerde; vollsonnig; Mindesttemperatur 10 °C

PEDIOCACTUS SILERI

Leicht ovaler Kaktus mit 12–14 spiralförmig angeordneten Rippen, die durch Furchen in Warzen gegliedert sind.

GRÖSSE 15 cm Höhe, 12 cm Durchmesser
AREOLEN erhaben, rund, sitzen auf den Warzenspitzen
DORNEN kurz, gerade; 11–15 weiße Randdornen, bis 2 cm lang; 3–7 bräunlichschwarze Mitteldornen, etwa 3 cm lang; werden mit der Zeit fast weiß
BLÜTEN weit gespreizt, Durchmesser 2,5 cm und mehr; gelblich; bilden sich aus dem Scheitel
BLÜTEZEIT tagblühend, Sommer
HERKUNFT USA (Nordarizona, Utah), in großen Höhen
PFLEGE gedeiht in poröser, humusreicher, mineralischer Erde; vollsonnig; Mindesttemperatur 7 °C

PELECYPHORA ASELLIFORMIS

Kleiner, leicht gestreckter Kugelkaktus. Der Pflanzenkörper ist mit flachen, seitlich komprimierten, spiralförmig angeordneten graugrünen Warzen bedeckt. Die Areolen ähneln weißen, versteinerten Farnen.

GRÖSSE 5–10 cm Höhe, 2–5 cm Durchmesser
AREOLEN lang, schmal, sitzen auf den Warzenspitzen; Zwischenräume großenteils cremewollig
DORNEN zahlreich, winzig, kammartig angeordnet
BLÜTEN glockig, etwa 3–4 cm Durchmesser, außen weiß, innen rötlichpurpurn; bilden sich aus dem Scheitel
BLÜTEZEIT tagblühend, Sommer
HERKUNFT Mexiko (San Luis Potosí)
PFLEGE gedeiht in durchlässiger, nährstoffreicher, mineralischer Erde; vollsonnig; Mindesttemperatur 13 °C

PERESKIA ACULEATA

Kletternder, rankender Kaktus, dessen 8–10 m lange und 1 cm dicke Triebe dunkelgrüne Blätter von 9 cm Länge und 4 cm Breite tragen.

GRÖSSE unterschiedlich
AREOLEN ohne Borsten
DORNEN 1–3
BLÜTEN rosenähnlich, bis zu 4,5 cm Durchmesser, weißlichgelb, am Grund leicht rosa, mit rosa Staubgefäßen; bilden sich an den Trieben
BLÜTEZEIT tagblühend, Spätsommer
HERKUNFT Brasilien, Paraguay, USA (Florida), Westindische Inseln
PFLEGE gedeiht in handelsüblicher Kakteenerde; vollsonnig; Mindesttemperatur 10 °C

PFEIFFERA IANTHOTHELE

Hängender Kaktus, der als Epiphyt auf Bäumen im Wald wächst; die hellgrünen Triebe von 30–50 cm Länge und 1,5 cm Dicke haben meist vier kantige Rippen. Aus den Blüten bilden sich rosafarbene Früchte.

GRÖSSE unterschiedlich
AREOLEN sitzen auf den Rippen
DORNEN 6–7, gelblich, etwa 5 mm lang
BLÜTEN glockig, 2,5 cm lang, innen gelb, außen purpurrosafarben; bilden sich an den Rippen
BLÜTEZEIT tagblühend, Frühsommer
HERKUNFT Argentinien, Bolivien
PFLEGE gedeiht in handelsüblicher Kakteenerde im Halbschatten; Mindesttemperatur 10 °C

PILOSOCEREUS PURPUSII

Am Ansatz aussprossender, manchmal liegender Säulenkaktus. Der hellgrüne Pflanzenkörper von 3 m Länge und
3–4 cm Dicke hat 12 Rippen und am Scheitel ein weiß
behaartes Cephalium.
GRÖSSE unterschiedlich
AREOLEN weißwollig mit langen Haarbüscheln, sitzen in
dichtem Abstand auf den Rippen
DORNEN meist gelblich, später grau; Anzahl variierend, bis
zu 3 cm lang
BLÜTEN weit geöffneter Trichter, Länge und Durchmesser
etwa 7 cm, blaßrosa mit weißen Rändern; bilden sich aus
dem Cephalium
BLÜTEZEIT nachtblühend, Hochsommer
HERKUNFT Mexiko (Sinaloa, Sonora)
PFLEGE gedeiht in handelsüblicher Kakteenerde; vollsonnig;
Mindesttemperatur 10 °C

POLASKIA CHICHIPE

Schlanker, baumartiger Säulenkaktus, am Ansatz stark
aussprossend. Der blaßgrüne Pflanzenkörper ist 5–7 cm
dick und hat 7–12 je 2 cm hohe, scharfkantige Rippen mit
Verdickungen
GRÖSSE 4–5 m Höhe
AREOLEN grauwollig, sitzen im Abstand von 1,5 cm auf
den Verdickungen
DORNEN schwarzbraun, später grau; 6–7 Randdornen, bis
zu 1 cm lang; 1 Mitteldorn, etwa 1,5 cm lang
BLÜTEN weit gespreizt, etwa 3 cm lang, 4 cm Durchmes-
ser, cremeweiß bis grünlichgelb mit rötlichem Mittelstreifen
auf den Blütenblättern und vortretenden Staubgefäßen;
bilden sich seitlich vom Scheitel
BLÜTEZEIT tagblühend, Sommer
HERKUNFT Mexiko (Oaxaca, Puebla)
PFLEGE gedeiht in handelsüblicher Kakteenerde; vollsonnig;
Mindesttemperatur 13 °C

PTEROCACTUS
RETICULATUS

Gruppenbildender Kaktus, der aus einer Knollenwurzel wächst und Knollen von etwa 20 cm Länge und 10 cm Durchmesser bildet. Die zylindrischen, gegliederten Triebe von 1–2 cm Dicke sind rötlichgrau und haben zahlreiche, sehr flache »Warzen« unter jeder Areole.

GRÖSSE 2–3 cm Länge (Triebe)

AREOLEN sitzen in Spiralen auf der Oberfläche jedes Segments

DORNEN 1–3, winzig, weißlich

BLÜTEN weit gespreizt, etwa 4 cm Durchmesser, gelb; bilden sich am Scheitel

BLÜTEZEIT tagblühend, Frühsommer

HERKUNFT Argentinien (San Juan)

PFLEGE gedeiht in handelsüblicher Kakteenerde; vollsonnig; Mindesttemperatur 10 °C

PYGMAEOCEREUS
BYLESIANUS

Halb säulenförmiger bis kugeliger Kaktus, der aus einer langen, fleischigen Pfahlwurzel wächst. Der dunkelgrüne Pflanzenkörper hat 12–14 Rippen.

GRÖSSE 10 cm Höhe

AREOLEN rund, sitzen auf den Rippen

DORNEN feine, graue Randdornen; 1–2 längere Mitteldornen, 3–5 mm lang

BLÜTEN 6 cm lang, innen weiß, außen blaßgrün; bilden sich aus einem Kelch am Scheitel

BLÜTEZEIT nachtblühend, Hochsommer

HERKUNFT Südperu

PFLEGE gedeiht in poröser, nährstoffreicher, mineralischer Erde; vollsonnig; Mindesttemperatur 10 °C; Pfahlwurzel mit Vorsicht behandeln, nicht beschädigen

QUIABENTIA ZEHTNERI

Hoher, buschiger Kaktus mit schlanken, zylindrischen
Trieben und rundlichen oder ovalen Blättern, 2–4 cm lang.
GRÖSSE 2–3 m Höhe
AREOLEN weißwollig, sitzen auf den Trieben
DORNEN zahlreich, kurz, fein, weißlich
BLÜTEN trichterförmig, etwa 4 cm lang, voll erblüht bis
8 cm Durchmesser, rötlichpinkfarben
BLÜTEZEIT tagblühend, Sommer
HERKUNFT Brasilien (Bahía)
PFLEGE gedeiht in nährstoffreicher, mineralischer Erde;
vollsonnig; Mindesttemperatur 13 °C; immer behutsam
wässern

REBUTIA HELIOSA

Leicht abgeflachter, kugeliger bis gestreckter Kaktus, der
stark aussproßt und kissenartige Gruppen bildet. Der kleine,
graugrüne Pflanzenkörper hat 35–40 spiralförmig ange-
ordnete Rippen mit kleinen Warzen.
GRÖSSE 2 cm Höhe, 1,5–2,5 cm Durchmesser
AREOLEN braunwollig, sitzen auf den Rippen
DORNEN 24–26 kammartige Randdornen; keine Mittel-
dornen
BLÜTEN trompetenförmig, 4,5–5,5 cm lang, Durchmesser
4 cm, orange oder rötlich
BLÜTEZEIT tagblühend, Sommer
HERKUNFT Bolivien (Tarija)
PFLEGE gedeiht in handelsüblicher Kakteenerde im Halb-
schatten; Mindesttemperatur 10 °C

REBUTIA SENILIS

Flacher bis kugeliger Kaktus, der gern Gruppen bildet. Der dunkelgrüne Pflanzenkörper hat 18 spiralförmig angeordnete Rippen, die in Warzen gegliedert sind. In seltenen Fällen entsteht eine Kammform, die deutlich die spiralförmige Anordnung erkennen läßt und zahlreiche Blüten trägt.

GRÖSSE 8 cm Höhe, 7 cm Durchmesser

AREOLEN weiß, sitzen auf den Rippen

DORNEN 25, fein, gelblichweiß, etwa 3 cm lang, oft verflochten

BLÜTEN weit gespreizt, 3,5 cm Durchmesser, karmesinrot; bilden sich in Gruppen um den Scheitel

BLÜTEZEIT tagblühend, Sommer

HERKUNFT Argentinien

PFLEGE gedeiht in handelsüblicher Kakteenerde; vollsonnig; Mindesttemperatur 10 °C

RHIPSALIDOPSIS ROSEA

Kleiner, strauchiger Kaktus mit aufrechten oder hängenden Trieben aus flachen, manchmal kantigen Segmenten von 2–4 cm Länge und bis zu 1 cm Breite. Meist haben sie feine, rötliche Ränder. Das Endsegment ist am Rand gekerbt.

GRÖSSE unterschiedlich

AREOLEN winzig, mit wenigen Borstenhaaren, sitzen an den Rändern der Endsegmente mit einer einzelnen, größeren Areole an der Spitze

DORNEN keine

BLÜTEN seerosenartig, etwa 3–4 cm Durchmesser, zartrosa; bilden sich nur ein einziges Mal in Gruppen bis zu 3 Blüten aus der größeren Areole des Endsegments

BLÜTEZEIT tagblühend, Frühjahr und Frühsommer

HERKUNFT Brasilien (Wälder von Paraná)

PFLEGE gedeiht in poröser, nährstoffreicher, mineralischer Erde im Halbschatten; Mindesttemperatur 10 °C

RHIPSALIS RUSSELLII

Dichte Gruppen bildender Kaktus aus Waldregionen, wächst epiphytisch auf Bäumen. Die breiten, blattartigen Segmente von 15 cm Länge und 5–6 cm Breite haben gekerbte, rötlichpurpurne Ränder und teils vortretende Adern. Die Frucht ist purpurrot.

GRÖSSE unterschiedlich

AREOLEN weißlich, sitzen an den gekerbten Rändern der Segmente

DORNEN keine

BLÜTEN etwa 3mm lang, weißlich; bilden sich einzeln oder in Gruppen aus den Areolen

BLÜTEZEIT tagblühend, Frühsommer

HERKUNFT Brasilien (Bahía)

PFLEGE gedeiht in handelsüblicher Kakteenerde im Halbschatten; Mindesttemperatur 10 °C

SCHLUMBERGERA OPUNTIOIDES

Stark verzweigter, hängender Kaktus, der in deutlich ausgeprägte, abgeflachte Segmente gegliedert ist. Sie sind dick, fleischig und dunkelgrün, etwa 2,5–6 cm lang und 1–2 cm breit.

GRÖSSE unterschiedlich

AREOLEN weißwollig, sitzen in Reihen auf der Oberfläche der Segmente

DORNEN stark variierende Anzahl winziger, grauweißer Randdornen

BLÜTEN trichterförmig mit nach außen gebogenen Blütenblättern, etwa 4,5 cm lang, rotweiß; bilden sich aus den Endsegmenten

BLÜTEZEIT tagblühend, Spätfrühjahr

HERKUNFT Brasilien (Minas Gerais)

PFLEGE gedeiht in handelsüblicher Kakteenerde im Halbschatten; Mindesttemperatur 13 °C

SCLEROCACTUS
PAPYRACANTHUS

Kurzer, kugeliger bis gestreckter Kaktus, einzeln oder in Gruppen wachsend. Der Pflanzenkörper hat 8–13 Rippen mit vortretenden Warzen.

GRÖSSE 8 cm Höhe, 3,5 cm Durchmesser
AREOLEN sitzen auf den Warzenspitzen
DORNEN 5–9 weißliche Randdornen, 3–4 mm lang; 3–4 flache, gebogene Mitteldornen, 1–2 cm lang, oft verflochten
BLÜTEN etwa 2 cm lang, weißlich; bilden sich aus der Scheitelmitte
BLÜTEZEIT tagblühend, Sommer
HERKUNFT USA (Arizona, New Mexico)
PFLEGE gedeiht in handelsüblicher Kakteenerde mit etwas Kalkbeimengung; vollsonnig; Mindesttemperatur 10 °C

SELENICEREUS
GRANDIFLORUS

Kletternder oder rankender Kaktus, der als Epiphyt auf Bäumen im Wald wächst. Der schlanke Pflanzenkörper von 5 m Länge und 2–3 cm Dicke hat 5–8 Rippen. Die dornige Frucht ähnelt einer Pflaume.

GRÖSSE unterschiedlich
AREOLEN blaß, gelblich bewollt, sitzen auf den Rippen
DORNEN 7–11, gelb, später grau
BLÜTEN duftend, päonienartig, etwa 30 cm lang, 15 cm Durchmesser; breite, weiße Blütenblätter und schmale, gelblichbraune Kelchblätter; bilden sich in der Nähe der Trieb-Enden
BLÜTEZEIT nachtblühend, Sommer
HERKUNFT Mexiko, Westindische Inseln
PFLEGE gedeiht in poröser, nährstoffreicher, mineralischer Erde im Halbschatten; Mindesttemperatur 15 °C

STENOCEREUS GUMMOSUS

Buschiger, am Ansatz stark aussprossender Säulenkaktus. Der graugrüne Pflanzen-körper ist 4–6 cm dick und hat 8–9 Rippen.

GRÖSSE 1 m Höhe
AREOLEN sitzen im Abstand von 2 cm auf den Rippen
DORNEN 8–12 Randdornen, bis zu 1 cm lang; 4–6 Mitteldornen, 4 cm lang
BLÜTEN 10–14 cm lang, purpurrot; bilden sich an einem schlanken Kelch
BLÜTEZEIT nachtblühend, Frühsommer
HERKUNFT Mexiko (Bahía)
PFLEGE gedeiht in poröser, nährstoffreicher, kalkhaltiger Erde; vollsonnig; Mindesttemperatur 13 °C

STROMBOCACTUS DISCIFORMIS

Kugelkaktus, der äußerst selten aussproßt. Der leicht abgeflachte Scheitel hat einige bleibende weiße Dornen in der Mitte. Die 12–18 Rippen des graubraunen Pflanzen-körpers gliedern sich in dicht angeordnete flache, rautenför-mige Warzen, die in der Mitte erhaben sind. Selten bildet sich eine Kammform mit zwei Kronen.

GRÖSSE 5–12 cm Durchmesser
AREOLEN weißwollig, sitzen auf den Warzenspitzen
DORNEN 1–5, grauweiß, 1,5 cm lang
BLÜTEN offen trichterförmig, Durchmesser etwa 4 cm, Länge etwas weniger, weiß oder gelblich; bilden sich aus dem Scheitel
BLÜTEZEIT tagblühend, Sommer
HERKUNFT Mexiko (Hidalgo)
PFLEGE gedeiht in nährstoffreicher, mineralischer Erde; voll-sonnig; Mindesttemperatur 10 °C; mäßig wässern und im Winter trocken halten

SUBPILOCEREUS REPANDUS

Hoher, oft baumartiger Säulenkaktus. Die zahlreichen grau- bis blaugrünen Triebe von bis zu 10 cm Dicke haben 8–12 Rippen von etwa 1 cm Höhe.

GRÖSSE 10 m Höhe

AREOLEN grauweiß, sitzen auf den Rippen

DORNEN zahlreich, fein, borstenartig, weißlich; 1 und mehr Mitteldornen, bis zu 5 cm lang

BLÜTEN trichterförmig, 10 cm lang, 4 cm Durchmesser, innen weiß, außen grünlichweiß oder blaßrosa

BLÜTEZEIT nachtblühend, Sommer

HERKUNFT Curaçao

PFLEGE gedeiht in handelsüblicher Kakteenerde; vollsonnig; Mindesttemperatur 18 °C

SULCOREBUTIA RAUSCHII

Kugelkaktus mit leicht abgeflachtem Scheitel, der am Ansatz zu lichten Gruppen aussproßt. Der kleine schwarz- oder purpurgrüne Pflanzenkörper hat bis zu 16 Rippen, die in sechsseitige Warzen gegliedert sind.

GRÖSSE 2 cm Höhe, 3 cm Durchmesser

AREOLEN kahl, ca. 2 mm lang, sitzen auf der Warzenmitte

DORNEN 11–12 dünne, gelbliche Randdornen, 1 mm lang; selten bis zu 2 etwas längere Mitteldornen

BLÜTEN weit gespreizt, etwa 3 cm Länge und Durchmesser, hellpink, cremiggelbe Staubgefäße; sie bilden sich seitlich am Pflanzenkörper

BLÜTEZEIT tagblühend, Früh- bis Hochsommer

HERKUNFT Bolivien (Chuquisaca)

PFLEGE gedeiht in handelsüblicher Kakteenerde; vollsonnig; Mindesttemperatur 10 °C

TEPHROCACTUS GEOMETRICUS

Gliederkaktus mit fast kugelförmigen, graugrünen Segmenten von bis zu 3,5 cm Durchmesser.

GRÖSSE 15 cm Höhe
AREOLEN bräunlich mit winzigen Borsten, sitzen in regelmäßigen Abständen auf der Oberfläche der Segmente
DORNEN 3–5, weißlich oder bräunlich, 0,5–1 cm lang, fallen schnell ab
BLÜTEN etwa 3 cm lang, weiß
BLÜTEZEIT tagblühend, Hochsommer
HERKUNFT Argentinien (Catamarca)
PFLEGE gedeiht in handelsüblicher Kakteenerde; vollsonnig; Mindesttemperatur 10 °C

THELOCACTUS RINCONENSIS

Meist einzeln wachsender Kugelkaktus mit abgeflachtem oder konkavem, weißwolligem Scheitel. Der grau- oder bläulichgrüne Pflanzenkörper hat meist 13 Rippen, die in stark vortretende, kantige Warzen von bis zu 1 cm Höhe gegliedert sind.

GRÖSSE 6–8 cm Höhe, 12 cm Durchmesser
AREOLEN sitzen auf den Warzenspitzen
DORNEN 3–4, graubraun oder schwarz, bis zu 1,5 cm lang
BLÜTEN offen trichterförmig, etwa 4 cm Durchmesser, weiß mit einem rosa Mittelstreifen auf jedem Blütenblatt; bilden sich aus dem Scheitel
BLÜTEZEIT tagblühend, Frühsommer
HERKUNFT Mexiko (Coahuila)
PFLEGE gedeiht in kalkhaltiger Erde; vollsonnig; Mindesttemperatur 13 °C

TRICHOCEREUS HUASCHA

Schlanker, kriechender oder aufsteigender Kaktus, der am Ansatz stark aussproßt. Der dunkelgrüne Pflanzenkörper von 50–90 cm Höhe und 5–8 cm Durchmesser hat 12–18 Rippen und ist stark bedornt.

GRÖSSE unterschiedlich

AREOLEN weißlichbraun, sitzen in sehr dichten Abständen auf den Rippen

DORNEN 9–11 bräunliche Randdornen, bis zu 4 cm lang; 1–2 Mitteldornen, bis zu 6 cm lang

BLÜTEN einzeln wachsend, trichterförmig, 7–10 cm lang, goldgelb oder rot; bilden sich seitlich vom Scheitel

BLÜTEZEIT tagblühend, Hochsommer

HERKUNFT Argentinien

PFLEGE gedeiht in handelsüblicher Kakteenerde; vollsonnig; Mindesttemperatur 10 °C

TURBINICARPUS PSEUDOMACROCHELE

Winziger Kugelkaktus, der um den Scheitel aussproßt und Köpfe von 3–4 cm Durchmesser bildet. Der mattgrüne Pflanzenkörper hat warzige Rippen.

GRÖSSE unterschiedlich

AREOLEN weiß, sitzen auf den Warzenspitzen

DORNEN 6–8, flach anliegend, entspringen den Areolen der Triebenden

BLÜTEN weit gespreizt, etwa 3,5 cm Durchmesser, zartrosa mit blaßrotem Mittelstreifen auf jedem Blütenblatt; bilden sich in Scheitelnähe

BLÜTEZEIT tagblühend, Sommer

HERKUNFT Mexiko (San Luis Potosí)

PFLEGE gedeiht in nährstoffreicher, mineralischer Erde; vollsonnig; Mindesttemperatur 10 °C

UEBELMANNIA PECTINIFERA

Auffälliger, attraktiver, kugeliger bis gestreckter Kaktus. Der rötliche, fast schwarzbraune Pflanzenkörper hat 15–18 vortretende Rippen mit nach außen gerichteten Dornen, die einen interessanten Kammeffekt ergeben.

GRÖSSE 50 cm Höhe, 10–15 cm Durchmesser

AREOLEN braunwollig, sitzen in einer dichten Einzelreihe auf dem Rippenscheitel

DORNEN keine Randdornen; gerade, dunkelbräunliche Mitteldornen, bis zu 1,5 cm lang

BLÜTEN weit gespreizt, etwa 1,5 cm lang, 1 cm Durchmesser, zitronengelb; bilden sich aus dem Scheitel

BLÜTEZEIT tagblühend, Sommer

HERKUNFT Brasilien (Minas Gerais)

PFLEGE gedeiht in durchlässiger, nährstoffreicher, leicht kalkhaltiger Erde; vollsonnig; Mindesttemperatur 15 °C; braucht feuchtes Klima

WEBEROCEREUS GLABER

Wuchernder oder kriechender Epiphyt, der sich mit Luftwurzeln hochrankt. Der graugrüne Pflanzenkörper von 2–3 m Länge und 2 cm Dicke ist dreieckig und mehr oder weniger gezahnt.

GRÖSSE unterschiedlich

AREOLEN klein, braunwollig, sitzen auf den Kanten der Triebe

DORNEN 1–2, sehr kurz

BLÜTEN kelchförmig, 10–12 cm Durchmesser, innen weiße, gezackte, außen blaß grünlichbraune Blütenblätter; bilden sich in der Nähe des Triebendes

BLÜTEZEIT nachtblühend, Hochsommer

HERKUNFT Guatemala

PFLEGE gedeiht in handelsüblicher Kakteenerde im Halbschatten; Mindesttemperatur 15 °C

WEINGARTIA NEOCUMMINGII

Halbkugeliger Kaktus, dessen hell- bis dunkelgrüner Pflanzenkörper 16–18 warzige Rippen hat.

GRÖSSE 20 cm Höhe, 10 cm Durchmesser
AREOLEN sitzen auf den Warzenspitzen
DORNEN 16–20 gelbliche Randdornen mit brauner Spitze, bis zu 1,5 cm lang; etwa 6 dicke Mitteldornen
BLÜTEN 2,5 cm lang, orange mit gelbem Grund; bilden sich aus dem Scheitel
BLÜTEZEIT tagblühend, Sommer
HERKUNFT Bolivien
PFLEGE gedeiht in handelsüblicher Kakteenerde; vollsonnig; Mindesttemperatur 10 °C

WILCOXIA POSELGERI

Recht stabiler, aufrechter, buschiger Säulenkaktus. Die stark verzweigten, zylindrischen, dunkelgrünen Triebe von 60 cm Höhe und 1,5 cm und mehr Dicke haben 8–10 flache Rippen.

GRÖSSE unterschiedlich
AREOLEN grauweißwollig, in dichtem Abstand auf den Rippen
DORNEN grauweiß, 8–9 Randdornen, bis zu 2 mm lang; 1–2 Mitteldornen, etwa 8 mm lang
BLÜTEN weit gespreizt, 4–5 cm Länge und Durchmesser, blaß purpurfarben bis pink mit rötlichem Grund; bilden sich in der Nähe der Triebspitzen
BLÜTEZEIT tagblühend (nachmittags), Sommer
HERKUNFT Mexiko (Coahuila), USA (Texas)
PFLEGE gedeiht in handelsüblicher Kakteenerde in indirekter Sonne; Mindesttemperatur 10 °C

WILMATTEA MINUTIFLORA

Kriechender oder wuchernder Epiphyt, der sich mit Luftwurzeln auf Bäume rankt. Die langgestreckten, dreieckigen, dunkelgrünen Triebe haben Segmente von 1,5–2,5 cm Breite mit gleichmäßig gekerbten Rändern.

GRÖSSE unterschiedlich

AREOLEN sitzen im Abstand von etwa 3 cm auf den Kanten der Triebe

DORNEN 1–3, winzig, fast haarähnlich, gelblich bis schwarz, etwa 1 mm lang

BLÜTEN duftend, 3–3,5 cm lang, in voll erblühtem Zustand 8–9 cm Durchmesser, innen weiß, außen rot; in geschlossenem Zustand sind der kurze Kelch und der kleine Fruchtknoten mit den dreieckigen, grünen Schuppen zu sehen, deren Spitzen bräunlichrot gerändert sind; bilden sich seitlich an den Trieben

BLÜTEZEIT nachtblühend, Frühsommer

HERKUNFT Guatemala, Honduras

PFLEGE gedeiht in handelsüblicher Kakteenerde im Halbschatten; Mindesttemperatur 13 °C

BILDNACHWEIS
. . . .

Besonderer Dank gilt:
Dr. W. Barthlott; Pierre Braun; John Donald; Charles Glass; Robert Holt; Clive Innes; Robert Foster; Kenneth Heil; Myron Kimnach; B. E. Leuenberger; A. J. S. McMillan; Dr. W. Rauh; Tegelberg Nurseries; V. Turecek.

GLOSSAR

Ableger: Seitentrieb, aus dem sich eine neue Pflanze ziehen läßt

Areole: ein polsterartiger Kurztrieb der Kakteen

Axille: bei Warzenkakteen die Vertiefung zwischen den Warzen, die oft wollig, behaart oder borstig ist und aus der manchmal Blüten und Seitentriebe entspringen

Borste: hartes Haar oder weiche, biegsame Dorne

Cephalium: dicht bewollter, borstiger, blütentragender »Schopf« bestimmter Kakteenarten

Dornen: häufig verholzte Spitzen, die sich aus umgewandelten Pflanzenorganen gebildet haben. Obwohl man im Sprachgebrauch bei Kakteen meist von »Stacheln« spricht, handelt es sich biologisch um Dornen, die sich aus verkümmerten Blattrieben gebildet haben

Epiphyt: Pflanze, die auf einer anderen lebt, aber nicht schmarotzt

Familie: systematische Klassifizierung ähnlicher Gattungen

Gattung: systematische Klassifizierung von Arten mit ähnlichen Merkmalen, wiedergegeben im ersten Element des botanischen Namens

Glochiden: Haarbüschel oder Borsten mit Widerhaken

Habitat: natürlicher Lebensraum der Pflanze

Kallus: harte Gewebewulst, die sich über einem Schnitt oder über einer Verletzung bildet

Mitteldorn: meist aus der Areolenmitte wachsender Dorn, der sich in Länge und Form häufig stark von den Randdornen unterscheidet

Nachtblüten: Blüten, die sich nur nachts öffnen

Photosynthese: die Produktion von Kohlenhydraten aus Kohlendioxid und Wasser mit Hilfe des Sonnenlichts

Pseudocephalium: meist ein seitlich am Trieb sitzendes Cephalium

Randdornen: Dornen, die am Rand der Areole wachsen

Rippen: meist vertikal verlaufende, erhabene Verdickungen des Pflanzenkörpers

Schuppen: dünnes, blattartiges Gebilde

Spezies: eine einzelne Pflanzenart oder eng verwandte Pflanzengruppe innerhalb einer Gattung

Sukkulente: jede Pflanze, die Wasser in Blatt, Wurzel oder Stamm speichert

Warze: kleine, warzenartige Verdickung

Zwitterblüten: Blüten, die sowohl männliche als auch weibliche Organe enthalten

REGISTER
· · · · ·